“大运河人物故事”丛书

丛书主编 张廷皓

清初治水廉吏

张鹏翮

袁 慧 著

南京出版传媒集团 南京出版社

图书在版编目（CIP）数据

清初治水廉吏——张鹏翮 / 袁慧著. -- 南京：南京出版社, 2025. 3. -- （“大运河人物故事”丛书）.

ISBN 978-7-5533-5155-1

Ⅰ. K827=49

中国国家版本馆CIP数据核字第202501X6R3号

丛 书 名　大运河人物故事

丛书主编　张廷皓

书　　名　清初治水廉吏——张鹏翮

作　　者　袁　慧

出版发行　南京出版传媒集团

　　　　　南　京　出　版　社

社　　址　南京市玄武区太平门街53号

邮　　编　210016

联系电话　025-83283873、83283864（营销）　025-83112257（编务）

策划统筹　卢海鸣　徐　智

责任编辑　刘　娟

装帧设计　王　俊　张　淼

责任印制　杨福彬

排　　版　南京新华丰制版有限公司

印　　刷　江苏扬中印刷有限公司

开　　本　787毫米×1092毫米　1/32

印　　张　3.75

字　　数　58千

版　　次　2025年3月第1版

印　　次　2025年3月第1次印刷

书　　号　ISBN 978-7-5533-5155-1

定　　价　15.00元

总 序

大运河是中国人民的伟大创造。这条始建于公元前486年的人工水道，作为中国历史上贯穿南北的大动脉，集漕粮运输、商旅交通、军资调配、水利灌溉等功能于一身，不但加强了全国各地区间的政治、经济联系和文化交流，维护了多民族大一统国家的稳定和发展，而且使北方的丝绸之路和南方的海上丝绸之路在古老大陆的东方形成了闭环，因而具有世界意义。时至今日，大运河沿岸遍布城镇、码头、仓库、船闸、桥梁、堤坝等各类遗存，构成了中国乃至世界范围内罕见的线性文化带，并成功地在2014年6月22日第38届世界遗产大会上入选《世界遗产名录》。2017年6月，习近平总书记对建设大运河文化带作出重要指示，指出“大运河是祖先留给我们的宝贵遗产，是流动的文化，要统筹保护好、传承好、利用好”。2019年2月，中共中央办公厅、国务院办公厅联合印发《大运河文化保护传承利用规划纲要》，就进一步保护好、传承好、利用好大运河沿线的丰富文化遗产提出了明确要求。

回顾大运河萌芽、发展和演变的过程，诸如国家政策、政治形势、军事需要、地理环境等，虽然也都会对其历史变迁产生一定程度的影响，但从根本上来看，“人”的作用往往显得更为重要。千百年来，大运河的规划者、开凿者、建设者、管理者、治理者，以及其他与大运河有关的各类人物，凭借着不拘一格的思考方式、与时俱进的思维理念、突破常规的制度创新、因地制宜的技术方法革新，比较圆满地解决了大运河形成过程中所遇到的自然、运输和管理等一系列问题，实现了大运河从地区性到整体性、临时性到制度性、零散性到系统性的质变。这些大运河历史上涌现出的杰出人物，作为创造、改变和塑造大运河的主体和关键，其思想观念中闪烁着的智慧光芒，和一言一行中表现出的担当作为，不仅是大运河历史上无比珍贵的宝藏，同时也是彰显和传播中华民族灿烂文明的重要文化遗产，值得我们进一步挖掘和弘扬。

与蔚为大观的河道变迁、漕运制度、城镇商业、文化风俗等成果相比，有关大运河人物的研究相对薄弱。为了展现大运河深厚而丰富的文化内涵，传承和弘扬中华优秀传统文化，南京出版传媒集团（南京出版社）决定推出一套“大运河人物故事”丛书。这套面向广大青少年读者的普及性读物，精选历代与大运河有关的著名人物，时间上从春秋战国直至民国时期，空间上则覆盖隋唐大运河、京杭大运河和浙东运河。每册均邀请学有专长的作者撰写，力图在准确把握史实的基础上，用生动活泼的语言文字，引人入胜的故事情节，丰富多彩的知识拓展，刻画每一位大运河人物的主要经历，涉及凿河规划、水利建设、漕运管理、治运思想与实践、研究著述以及后世影响等，在折射大运河变迁轨迹的同时，充分展现出这些人物与大运河的密切关系，以及对大运河的变迁所发挥的作用。

青少年是国家的未来和民族的希望，肩负着实现中华民族伟大复兴、建设社会主义现代化强国的历史重任。近年来，南京出版传媒集团（南京出版社）先后推出了“抵御外侮——中华英豪传奇”“抗战十四年·中华儿女传奇"等多套青少年读物，在培养青少年爱国主义精神、培育和践行社会主义核心价值观等方面，起到了十分积极的作用。衷心希望"大运河人物故事"丛书能成为广大青少年认识和了解大运河历史文化的良师益友，在深化他们对大运河文化内涵认知的同时，展现中华民族的聪明才智和中华文明的灿烂辉煌，为他们的健康成长树立文化自信，使之成为将来建设国家的栋梁之材。

张廷皓

（作者系中国文物学会大运河专业委员会主任委员、中国文化遗产研究院原院长）

目　录

引　言 ………………………………………………………… 001

第一章　扬历中外　天下廉吏

学优而仕　兴利除弊 ………………………………… 003

奉旨出使　公忠体国 ………………………………… 008

为民请命　革新学风 ………………………………… 012

审理案件　一介不取 ………………………………… 014

第二章　授任总河　整顿河务

黄淮积弊　河督更迭 ………………………………… 017

专责总河　整顿河政 ………………………………… 022

实地调查　全盘规划 ………………………………… 025

制定章程　树立规范 ………………………………… 029

第三章　清黄相会　畅通清口

拆拦黄坝　改大通口…………………………………… 035

开七引河　筑清口坝…………………………………… 038

堵六滚坝　治高家堰…………………………………… 042

修归仁堤　固黄河岸…………………………………… 051

第四章　治运减患　河工告成

辟入江路　设归海坝…………………………………… 055

挑下河道　泄上游水…………………………………… 062

治中运河　改杨庄口…………………………………… 066

庆水文安　告河工成…………………………………… 072

第五章　宦海沉浮　变幻莫测

赈济山东　均摊赔补…………………………………… 076

用人不当　遭逢弹劾…………………………………… 080

河工失修　戴罪立功……………………………… 083

离任总河　位极人臣……………………………… 087

第六章　法今传后　廉善流芳

功绩卓著　影响深远……………………………… 093

治河全书　集大成者……………………………… 097

家风传承　名标青史……………………………… 102

参考文献 ……………………………………… 107

引　言

张鹏翮（1649—1725），字运青，号宽宇、信阳子，清初四川遂宁人。遂宁张氏家族被称为“清代蜀中第一家”，张鹏翮是其中最为杰出、影响最大的一位。他作为康熙、雍正两朝名臣，历任兖州知府、浙江巡抚、江南学政、刑部尚书、河道总督、户部尚书，官至文华殿大学士兼吏部尚书，位极人臣。

张鹏翮为官以清廉著称，康熙称赞“天下廉吏，无出张鹏翮右者”。与之相比，张鹏翮治水并没有像他的清廉那样广为人知。清代李桓《国朝耆献类征初编》指出张鹏翮“平生居官，清俭方整，有器局，于河工最著声绩”。近代水利学家郑肇经在《中国水利史》中评价道：“张鹏翮承靳辅之后……一切遵循成法，而法益加密，淮湖大治。”可见，张鹏翮在中国水利发展史中的地位举足轻重。

张鹏翮治河九载，不畏艰难，深入实地考察，不断吸取前人的经验和教训，同时勇于创新和尝试，精心设计治水方案，系统开展治河工程，不仅创立黄淮安澜、漕运通畅的大好局面，也为后世留下了宝贵的治水方法。他编纂的《治河全书》集清前期治水之大成，堪称古代水利著作典范。张鹏翮的治水之路并非一帆风顺，他不仅要面对水情变动的挑战，还要应对官场勾心斗角，但他始终清廉自守，勤恳谨慎，为国为民，尽心尽力。

张鹏翮的一生，是对“廉”“能”二字的最好诠释。他的事迹，不仅体现了一位治河专家的智慧和格局，也展现出一位清官的操守和担当，在历史长河中熠熠生辉。下面，请跟随本书，品读波澜壮阔的治河华章，体悟清正廉洁的传世精神。

第一章 扬历中外 天下廉吏

张鹏翮前半生阅历丰富，少时苦学、科举及第、治理地方、奉命出使、为民请命、督理案件，体现出清正廉洁、勤谨笃志、为国为民、忠勇担当的宝贵精神，为他日后被康熙皇帝委以河工重任奠定了基础。

学优而仕 兴利除弊

张鹏翮画像（《张鹏翮研究》）

张鹏翮祖上原籍湖北省麻城县孝感乡（今湖北省麻城市）。元明之际四川地区因连年战乱人口锐减，明代洪武年间（1368—1398）官方组织湖广移民入蜀，张氏祖先就在这一湖广填四川的历史背景下迁入四川遂宁黑

小贴士：湖广填四川

“湖广填四川”指湖南、湖北等地人口迁居四川的移民运动，历史上有两次大规模人口迁徙，一次在元末明初，一次在明末清初。由于战乱等因素，四川人口急剧减少，耕地荒芜，官方组织湖广等地居民入川。它改变了区域人口结构和文化风俗，对区域社会和经济发展产生了重大影响，其中以第二次移民规模最大，影响深远。

柏沟，此后人丁兴旺，科第蝉联，成为遂宁望族。张鹏翮的父亲张烺生于明代天启七年（1627），清初为躲避蜀地战乱，漂泊他乡。张烺有六子，长子即张鹏翮。张烺前半生坎坷，后半生因儿子张鹏翮得封七次，并获康熙赏赐御书扁额“养志松龄”。张烺八十七岁时，按康熙旨意，根据生平自录撰写《烬余录》一书，

《烬余录注》（中国文史出版社）

内容起于明天启七年（1627），止于清康熙五十四年（1715），记录了明末清初张献忠起义军在巴蜀地区的活动以及四川战乱、百姓受灾情形，是珍贵的“三亲”（亲历、亲见、亲闻）史料，对研究中国人口史、移民史、农民起义和四川地方史等有重要价值。

张鹏翮生于顺治六年（1649），幼时随父亲四处奔波。张烺不忘儿子教育，每至一地就带张鹏翮拜师学习。张鹏翮自幼聪慧，三岁能在父亲教授下诵读《大学》，九岁受业于西充白太庚老师，展露文采。十三岁时，张鹏翮拜川中名儒彭觉山为师，每日鸡鸣而起，读书论学，孜孜不倦。张鹏翮熟读经史，锐意经世。他在读唐代《陆宣公奏议》时感叹道：“伊尹一介不取，孔明淡泊明志，先圣后圣，其准则同。”张鹏翮敬佩商朝伊尹、三国诸葛亮的高尚品质，决心向先贤学习，清白一心，不改素志，为国家建功立业。

康熙三年（1664），张鹏翮以县州道试均第一的成绩入学成为庠生，康熙八年（1669）乡试中举。康熙九年（1670）二月，张鹏翮参加会试、殿试，中三甲第122名进士，被选为翰林院庶吉士。在翰林院期间，同僚争相互赠文章，求日后相互关照，只有张鹏翮专注读书，不浮躁，不攀比，气度端凝，众人无不敬服。康熙十二年（1673）张鹏翮改任刑部主事，不久调任刑部员外郎，明辨疑案，不避权贵。康熙十四年（1675），康熙在懋勤殿破格召见张鹏翮。之后，张鹏翮历任顺天乡试同考官、会试同考官、会试提调官、殿试执事官、廷试贡士阅卷官等，秉公办事，不徇私情，获得同僚称赞。

康熙十九年（1680），张鹏翮选补江南学道。彼时苏州府政务繁杂、赋税沉重，治理起来非常困难，康熙认为张鹏翮具有贤能，破例任命他为苏州知府。张鹏翮针对苏州连年灾荒、赋税沉重及官员素质参差不齐、频繁调动等问题，提出三条举措：一是允许民众缓交历年亏欠的赋税，二是强调保举推荐的人选应品德清廉、能力卓越，三是适当放宽官员政绩考核标准。这些举措实行后，苏州历年积欠得以解决，百姓生计有所改善，当地官民无不感念。不久之后，张鹏翮因母亲病逝离任返乡，在家中丁母忧三年后回京待职。

康熙二十二年（1683），张鹏翮任山东兖州知府，开展澄清吏治、惩戒胥吏、严查逃犯、整顿保甲、端正习气、肃清盗源等六项举措，加强地方治理。张鹏翮亲自审查昔日疑案，昭雪案情，释放十三名冤屈之人，下令禁止向百姓收取“火耗”（官府为弥补所征赋税银两熔铸折耗而加征的税额），同时兴修水利，劝课农桑，提拔实干之人，修葺学宫，振兴文风，主持编纂《兖州府志》等。山东巡抚徐旭龄赞张鹏翮廉洁持身、勤慎敷政、赋性澹泊、堪称表率，列举其十一条突出政绩上报朝廷。康熙二十三年（1684）“天下第一廉吏”于成龙病逝，康熙令六部保举清正廉洁的官员，张鹏翮等七人被保举为廉吏。同年，康熙第一次离京南巡，登泰山，谒孔林，召张鹏翮陪同。

小贴士：康熙南巡

康熙先后六次下江南，分别在康熙二十三年（1684）、二十八年（1689）、三十八年（1699）、四十二年（1703）、四十四年（1705）和四十六年（1707），由京师起程，途经天津、济南、泰安、曲阜、宿迁、淮安、扬州、镇江、江宁、无锡、苏州、松江、杭州等地。康熙南巡，重要目的是巡视河工，治理河患，发展农业生产，安定人民生活。

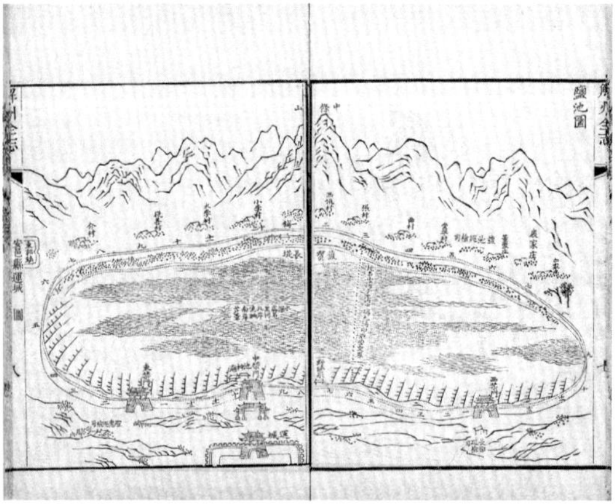

乾隆《解州安邑县运城志》中的《盐池图》

康熙二十四年（1685），张鹏翮升任河东盐运使，赴任之际兖地百姓夹道而立，以酒践行，以曲相送：“颂德歌功非轻琐，绩比渔阳过，恩深似大河。感极生悲，不禁泪堕……”张鹏翮至山西运城赴任后，负责征解盐课，修复盐池，挑浚渠堰，督修山西运城，编撰《关夫子志》。

奉旨出使 公忠体国

17世纪初，俄国侵犯我国黑龙江流域，强占尼布楚、雅克萨等地。康熙二十四年（1685）清军派兵进剿，取得第一次雅克萨战争的胜利。但清军撤出后，俄国侵略军再次占领雅克萨。康熙二十五年（1686）三月，清军将俄军围困在雅克萨城。俄国为缓和远东局势，要求解雅克萨之围，进行边界谈判。康熙二十七年（1688），清廷派出一支由领侍卫内大臣索额图率领、五百名骑兵护卫的使团前往色楞格，与俄国使团商谈勘定中俄疆界，时任兵部督捕副理事官的张鹏翮以汉文文案的身份一同随行。

使团于五月启程，途经宣化、张家口，北上至归化城（今呼和浩特旧城）。行至葱岭附近时，突遇狂风大

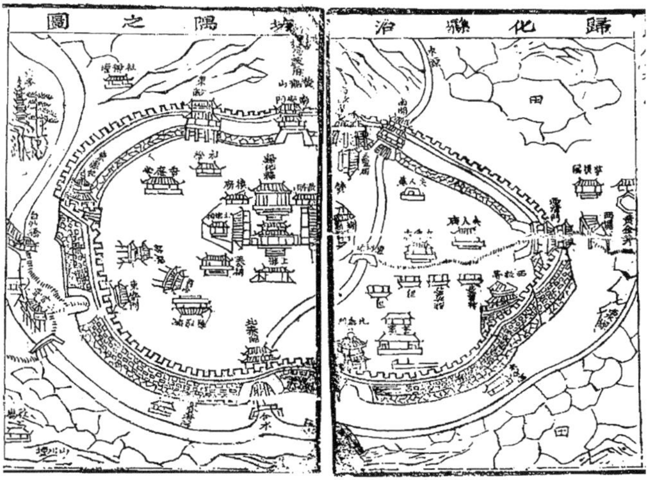

康熙《归化县志》中的《归化县治坊隅之图》

作、飞沙走石，加上缺水，许多人渴死。张鹏翮长途骑马，双腿内侧被马鞍磨伤严重，但他忍痛坚持，表示愿像汉代张骞那样为国捐躯、不谋私利。使团途经克鲁伦河时，恰逢蒙古喀尔喀部与额诺德部战事。两部矛盾由来已久，康熙曾命达赖喇嘛调解。此次，喀尔喀部为阻遏额诺德部，声称清廷将派兵支援。张鹏翮认为使团可能会有危险，应该提前防范。不久，额诺德部扣押使团前锋，众人惊慌，想要撤退。张鹏翮坚决阻止，主张布阵坚守，并派使者沟通。众人犹豫不决，张鹏翮严厉表示：“事出危难，正是臣子捐躯效命之日，公等皆怯，某独当之！”众人不敢反对，于是按计划行事，最终解困。其后，准葛尔部汗葛尔丹突袭喀尔喀，这一区域陷入混乱。康熙闻讯，急召使团回京。

此次清王朝派使团深入漠北、巡视边境的行动，显示了朝廷捍卫边疆的决心，虽因战乱所阻未至目的地，但为次年签订中俄《尼布楚条约》奠定基础。张鹏翮此行表现出临危不惧、为国忘身的品质，获得康熙认可，回京后即转任左理事，很快又升任大理寺少卿。张鹏翮出使期间将道途所历见闻逐日记录，撰成《奉使俄罗斯行程录》，起于五月初一，止于七月十三日，涉及河北

小贴士：中俄《尼布楚条约》

十七世纪初，沙俄军队侵略我国黑龙江流域，清朝派兵予以沉重打击。1689年，双方缔结中俄《尼布楚条约》，条约规定额尔古纳河以西、外兴安岭以北的地方属俄国，外兴安岭以南、额尔古纳河以东的地方（包括库页岛）属中国，明确规定了中俄两国的东段国界。1858年，沙俄在第二次鸦片战争中趁火打劫，胁迫清廷订立《瑷珲条约》，侵占了黑龙江以北的广大领土。

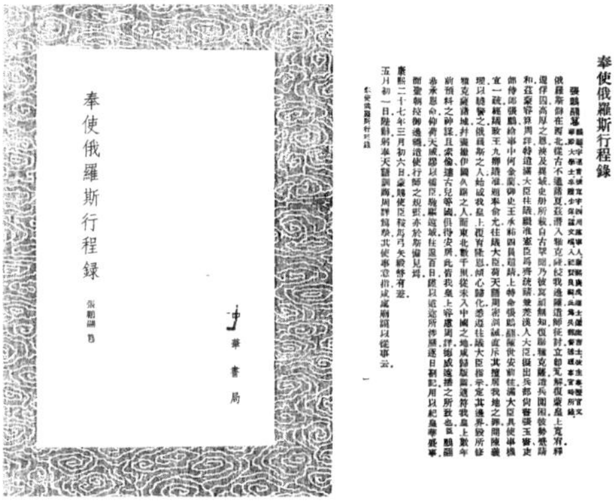

张鹏翮《奉使俄罗斯行程录》

宣化、张家口、归化城、喀尔喀蒙古等地的历史、地理、建筑、风俗等，具有极高的史料价值。

为民请命　革新学风

康熙二十八年（1689），张鹏翮因居官素善被提拔为浙江巡抚。在浙期间，张鹏翮颁布《抚浙颁行条约六则》，提倡整治吏治、提振士气、端正风俗、严选委署、清除无赖、整顿贸易，同时开展许多兴利除弊的举措，比如厘剔漕粮和盐政的陈规陋弊，兴修湖港、海塘、圩岸、堰坝等水利，劝课农桑，发展生产，设救生船，修育婴堂。张鹏翮以身作则，不延揽幕僚，不接受贿赂，上行下效，下属也自觉追求廉洁清正、爱护百姓，共同造就社会清明、百姓丰足的局面，浙江历年积欠的钱粮也全数交纳。

康熙三十二年（1693），张鹏翮上奏，浙江夏麦所产不多，且贮藏在粮仓容易受潮腐烂，乡绅士民请愿将夏收、秋收并作一次，每亩捐谷四合（古代容量单位，一合为市制一升的十分之一），无力交纳的听其自便。同年，浙江全省发生旱灾，收成有限，难以供给漕粮。张鹏翮上奏，请求把明年轮蠲的赋税提前至今年免除。绍兴府余姚、上虞、嵊县和台州府临海、太平县在旱灾后又遭遇飓风，阴雨连绵，水灾严重，张鹏翮一并请求赈济。朝廷免去受灾州县赋税，并免除浙江全省漕粮。康熙三十三年（1694），户部尚书伊桑阿指出张鹏翮的蠲免请求并不合理。康熙表示张鹏翮前后奏请自相矛盾，将鼓励捐献的粮食与正式赋税相提并论，请求暂免一年，愚昧无知且糊涂至极，应严肃处理。朝臣审议后建议革去张鹏翮浙江巡抚职位，然而康熙赏识张鹏翮的廉能才干，特下旨宽免，降五级后留任。

同年，张鹏翮升任兵部右侍郎。彼时各省学政受贿、行贿之风盛行，科场舞弊严重，康熙对此深恶痛绝。各省积弊最深的当属江南地区，康熙为扭转不端学风，特意选任官员中清誉长著的张鹏翮为提督江南学政。张鹏翮以“正心术、敦实学”为首要任务，颁布十则学政条约，革新文风，摒除浮靡绮丽辞藻。张鹏翮以身作则，廉洁自立，两袖清风，公正无私，不接受任何贿赂，严格杜绝任何请托行为，在任期间没有一人侥幸得到提拔。那些追求声名的人即使有京城权贵的推荐信，也犹豫不决，不敢呈交。张鹏翮以清廉之气扭转江南学政贿赂颓风，江南士子深念其高风亮节，每每提及都会感激涕零。

审理案件　一介不取

康熙三十六年（1697）五月，张鹏翮回京，改任都察院左都御史，次年三月被派往陕西参与清查仓米亏空案、侵蚀籽粒银案等。早在康熙三十二年（1693），陕西西安、凤翔所属州县遭遇大面积旱灾，朝廷将陕西省旧年积欠的钱粮和来年正项钱粮全部蠲免，川陕总督佛伦奏请在地方州县实行捐纳，解决赈灾经费，并从中拨出“籽粒银”（民间开垦，官方把种子折价成银两，以济耕作）分给陕西各地方，用作次年耕种。但是这些救济银发放到地方后出现了很多问题，直到五年后才被揭发。康熙三十七年（1698），陕西咸阳县民张拱等人上告，原陕西巡抚布喀等声称已给百姓籽粒银购买种子，但实际上银两被官吏侵吞，并未发放。另一方面，陕西长安、永寿、华阴三县仓米亏空，康熙尤为重视，派刑部尚书傅腊塔、左都御史张鹏翮前往详查仓米亏空案，连同侵蚀籽粒银案一同查明。

康熙三十七年（1698）七月，张鹏翮升任刑部尚书。原任陕西巡抚布喀上告川陕总督吴赫在借给籽粒案内侵蚀四十万余两，尚书傅腊塔、张鹏翮一同审理此事。同年十二月，张鹏翮任两江总督。由于陕西仓米案、籽粒银案经年已久，涉案官员多已不在其位，案情复杂，牵涉甚广，清查进展缓慢。康熙三十八年（1699）三月，康熙斥责傅腊塔畏人怀怨、草率处置，斥责张鹏翮疲沓软弱、没有主见，随后将二人召回京师，案情暂时搁置。六月，康熙认为陕西仓米亏空、侵蚀籽粒银等案情不够清晰，再次起派刑部尚书傅腊塔、两江总督张鹏翮前往陕西详审，并要求对布喀控告吴赫侵蚀籽粒案、吴赫与原宁夏道吴秉谦互参案分别查明、依律问罪。康熙三十九年（1700）正月，傅腊塔、张鹏翮回京，康熙问及张鹏翮陕西官员居官现状，张鹏翮奏对清晰，得到康熙肯定。

经过艰苦核查，历时三年，陕西仓米亏空案、侵蚀籽粒银案得以查清。原任同州知州蔺佳选等侵扣籽粒银，应拟斩监候，侵扣之银照数追还。布喀控告吴赫等侵蚀籽粒银两实属子虚乌有，但吴赫没有查清下属官员侵吞公款、贪污腐败的问题，应受惩罚。布喀早已于康熙三十三年（1694）任陕西巡抚期间，因擅自运输西安府所属州县粮食、赈灾不力、贻误边疆，被判处斩监候。原川陕总督佛伦没有对官员侵占公款、滥用职权等

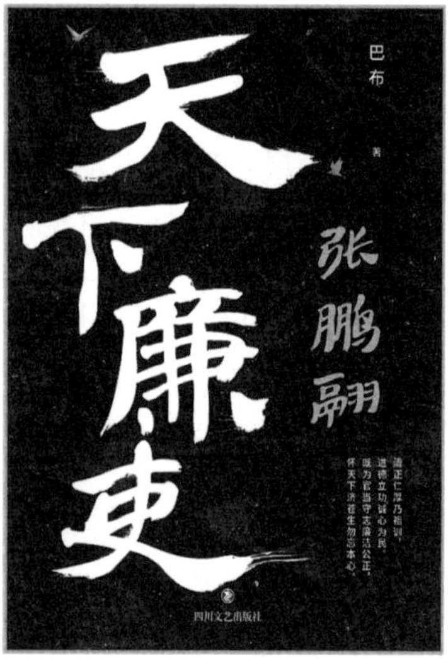

《天下廉吏张鹏翮》（四川文艺出版社）

问题进行调查，被降职四级，调离原职。吴赫指控吴秉谦贪污军需银两、勒索税收等不实，但吴秉谦接受下属官员送礼是事实，且令全省官员分赔无着落亏空银两属实，被判处死刑，监候执行。吴赫因怀挟私仇、虚捏诬告，理应被革除职务，但最终从宽处理、免其责罚。咸阳县民张拱等人因未能得到籽粒银、遭受不公，情急之下进行控告，不予追究责任。

张鹏翮处理陕西案件时，坚持明辨是非，公正裁决，不收罚锾（音huán，罚锾即罚金），不受贿金，对贪污腐败的官员严惩不贷。这种坚定的态度和正直的品质，不仅使与他一同会审的官员深感折服，也赢得康熙的高度评价与至高赞誉：“张鹏翮前往陕西，朕留心察访，果一介不取，天下廉吏无出张鹏翮右者。”张鹏翮以清正廉洁的作风闻名朝野，成为天下廉吏的楷模。

第二章　授任总河　整顿河务

清代康熙皇帝画像

清代治河工程耗费巨大，常有舞弊现象，是滋生腐败的重灾区，统治者极为重视。康熙三十九年（1700）三月，康熙认为“河工钱粮不甚清楚”，而张鹏翮清正廉洁、素有操守，特任命其为河道总督。张鹏翮接任后，整顿河政体系、规划治河格局、制定河工条例，保障治水有条不紊。

黄淮积弊　河督更迭

黄河以“善淤、善决、善徙”著称，历史上经历了多次重大改道和迁徙。南宋建炎二年（1128）宋军为

小贴士：河道总督

明代初年开始设置统管黄河与运河的河道总督，开始多以钦差大臣临时派遣，成化七年（1471）始设总理河道侍郎。清沿明制，设河道总督（简称“总河”）一人，最初驻扎山东济宁，康熙十六年（1677）因清口治理紧要移驻清江浦。雍正时期，分设江南河道总督、河南山东河道总督、直隶河道总督，并称南河、东河、北河三总督，不久裁撤北河，归直隶总督兼管。咸丰五年（1855）黄河改道，南河、东河相继裁撤，河务划归地方管理。

抵御金兵，人为决开黄河堤防，导致黄河改道、南流入淮，此后黄河南北迁徙不定，形成数道入海的格局。明代弘治年间（1488—1505），刘大夏修筑太行堤，阻断黄河北流通道，黄河专向南流，但仍呈现多支分流入淮的局面。直至明代后期潘季驯治河，采用高筑堤岸、束水攻沙的治河方法，黄河才被固定在泗水一线，与淮河、运河交汇于清口。潘季驯采取系统治理黄河、淮河、运河的方针，加筑高家堰，利用淮河蓄清刷黄、引水济运。潘季驯之后，黄河再次陷入频繁决口、改道的

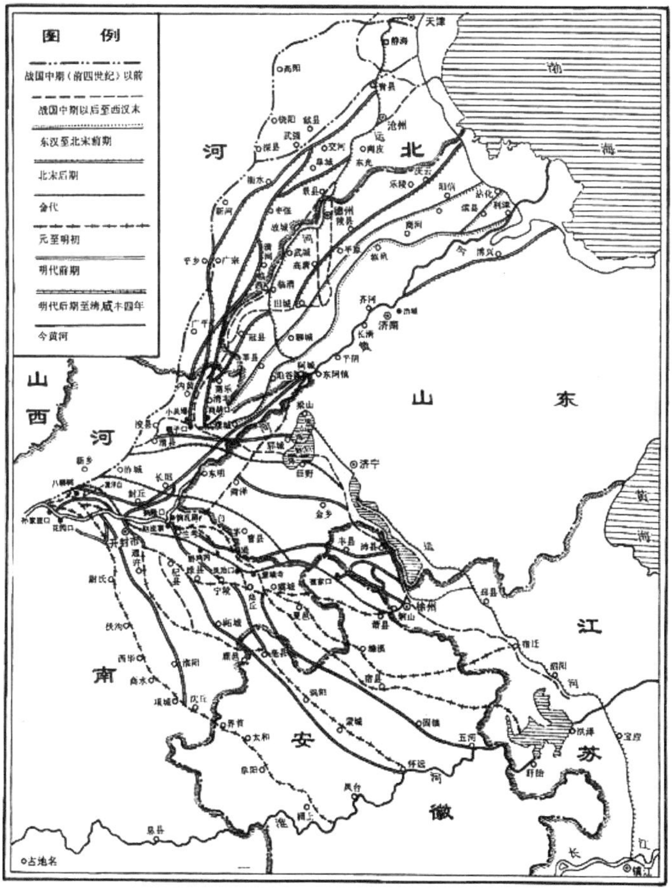

历代黄河下游河道变迁形势图（《中国历史地理概述》）

境地。明末战乱，河堤失修，黄河在开封决口，一直未堵合，直至清代顺治元年（1644），黄河才自动回归泗水故道。清初，黄河水患日益严重，顺治朝十八年之中就有八九年黄河下游发生决口，康熙元年（1662）到康熙十五年（1676）之间更是几乎年年决溢，决口达四十六次之多。黄河决口后，河道束水能力减弱，水流无法冲刷泥沙，致使黄河入海尾闾及清口淤塞，淮河无法畅出清口蓄清刷黄，转而停蓄在洪泽湖，漫溢南下，冲决高家堰与运堤，致使下游地区泛滥成灾。

康熙自即位起，就把“三藩、河务、漕运”列为国家治理三大要务，书于宫中柱上，时刻提醒自己。康熙十六年（1677）康熙任命靳辅为河道总督。靳辅采取黄、淮、运统筹治理方案，疏浚海口，堵塞决口，修筑堤防，挑挖引河以畅通清口，修归仁堤以减黄助清，增筑高家堰、加筑六座减水坝以蓄清刷黄，建立运堤减水坝来保堤护漕。经过十余年艰苦治理，河务整顿一新，形成黄淮安澜、漕运通畅的局面，后靳辅因为下河地区的治理问题以及屯垦涸田的主张遭到弹劾，被革去总河一职。

康熙二十七年（1688）以后，王新命、于成龙、董安国先后接任总河。王新命坐守其成，对河工并无建树。于成龙、董安国对靳辅所定方略屡有更易，致使水系紊乱、河工废坏。董安国不谙河务，致使黄、淮河道严重崩坏。康熙评价道："靳辅治河时，河道甚好。自任王新命后，仅守靳辅成绩，并无别行效力之处。于成龙初任总河，已将靳辅所修之处改治一二次。及至董安国，则事尽废坏不堪矣。"康熙三十五年（1696），董安国鉴于海口日淤日远，且有拦门沙，不利于水流宣泄，提议变更黄河入海尾闾，在马家港挑挖新引河，而在原河道筑拦黄坝，引黄河全流由马家港入海。但是新引河弯曲狭窄，黄河入海不畅，下壅上决，造成上游黄、淮堤岸决口，引发一系列连锁灾害。同年，黄、淮并涨，清口倒灌，运口淤垫，高家堰六坝溃决，高邮清水潭等处决口，淮扬地区遭受严重水患。

另外，清代河政体制由于管理不善、党派纠纷等缘由，出现明显败坏，河工腐败加剧，大量钱粮被浪费，而治河进程却非常缓慢。康熙深谙河工之难，根由在于工部：一是治河官员每次上奏，唯恐工部不批准，常通过请托的方式确保自己的利益；二是工部掌握河工经费，常以权谋私，勒索贿赂，导致河工总无成效。康熙在考虑总河人选上，不仅要求具备治河才能，还强调必须清廉端正、品德优良。在这种背景下，张鹏翮以“一介不取”的廉能之名被任命为总河。

专责总河　整顿河政

张鹏翮受命治河后，立即连上《首陈三事疏》和《题带河官疏》两道奏疏，着手调整河政体制，力求减少治河过程中的掣肘因素。

在《首陈三事疏》中，张鹏翮提出三项要求：第一，裁撤副总河，确保总河权责专一。靳辅、于成龙担任总河时，以府尹徐廷玺为副总河，总河管理权责不再集中，决策和讨论更加复杂。徐廷玺在任多年不熟悉河务、不整顿钱粮，治河不力，应撤回其协理河工的职务，并命徐廷玺交代清楚任内钱粮，避免权力分散、职责不清带来的管理混乱。第二，裁撤河工随带人员，避免靡费。于成龙任总河时，随带人员众多，初衷是希望大家齐心协力，共同推进河务，但在实际治理过程中出现滥用公款、贿赂官员等行为，导致河工弊坏。因此，应将前任总河随带人员全部撤回，并将未清算的财政和

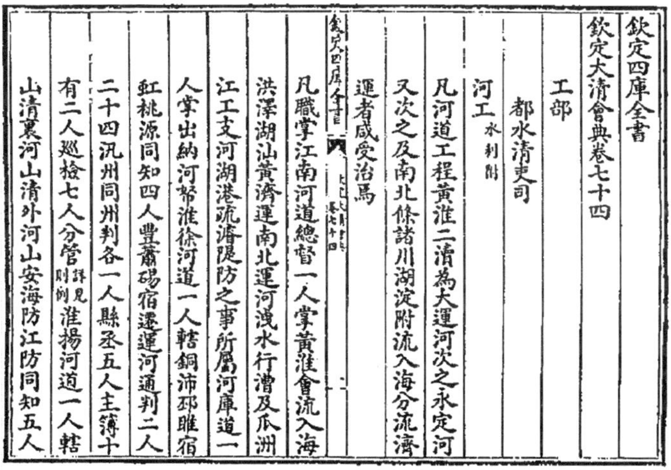

欽定四庫全書

欽定大清會典卷七十四

工部

都水清吏司

河工 水利附

凡河道工程黃淮二瀆為大運河次之永定河又次之及南北條諸川湖淀附流入海分流濟運者咸受治焉

欽定四庫全書 卷七十四

凡職掌江南河道總督一人掌黃淮會流入海洪澤湖洩黃濟運南北運河淺水行漕及瓜洲江工支河湖港疏濬隄防之事所屬河庫道一人掌出納河帑淮徐河道一人轄銅沛邳睢宿虹桃源同知四人豐蕭碭宿遷運河通判二人二十四汛州同州判各一人縣丞五人主簿十有二人巡檢七人分管詳見則例淮揚河道一人轄山清裏河山清外河山安海防江防同知五人

《钦定大清会典》对清代河工机构的记载

小贴士：清代河防机构

清代河防机构设总河专领河政，总河品级较高，官居正二品，如加授兵部尚书、太子太保衔，则为从一品，便于统一调度人力、物力。河道总督以下设管河道、厅、汛、堡，由道员、同知、通判、州同、州判、县丞、主簿、巡检分段修守河防。总河驻地设立河督衙门，有书吏、幕客等协助处理河工事务，大多由总河自行聘任。

物资问题交由相关部门追究，以恢复河工秩序。第三，部臣不应掣肘河务。在治河方面，工部与河臣事关一体，理当同心共济。工部于河工奏销拥有驳查权，工部官员处理河工奏销事务时，常常随意混淆事实、进行驳斥。恳请皇上酌情放宽不必要的规章制度，确保河务不受外界因素干扰。

在《题带河官疏》中，张鹏翮祈请合理安排河工人才，以收臂指之效。张鹏翮强调，总河贵在有操守、有才干，这样下属才能尽职尽责，保证河工钱粮用在实处，避免虚报开支等弊端。下属才干卓越，同心协力，共襄河务，治河才能达到显著成效。他向康熙荐举陕西道王谦补授淮扬道，赞王谦“其守可以清理钱粮，其才可以赞理河务”。张鹏翮还推荐原任陕西咸宁知县陈明经、现任刑部员外丁易、候补守备纪之慧等九人，称他们廉洁勤敏、才守兼优，请求一起带往河工效力。治河工程繁多，仅凭王谦等十人明显不够。张鹏翮又上奏《调用河官疏》，请求寻访有治河之才的人，并向康熙推荐陕西醴泉县知县裘陈佩、候补主事王英谋等十三人，请求将他们调往各处河工效力。

康熙批准张鹏翮的提议，下令将河工经费直接拨付给总河，绕过工部，去除掣肘因素。张鹏翮深入改革河政制度，理清总河权责，剔除诸多弊病。工部与河督之间的权责关系得以明确，河务效率显著提升，确保了政令执行顺畅、资金使用合理，为后续开展大规模治河铺平了道路。

实地调查　全盘规划

张鹏翮启程赴任之际，康熙亲自面授治河机宜。康熙指出治河最紧要之处在于清、黄相会的清口，核心问题是“黄河何以使之深，清水何以使之出”。康熙强调治河关键在于“闭六坝以束淮敌黄，通海口以黄归海”，命令张鹏翮务必拆除拦黄坝以畅通海口，疏浚芒稻河与人字河，引清流入江，依次兴修水利。康熙所授治河机宜是多年治河经验的总结，他对张鹏翮寄予厚望，嘱其务必周密规划、审慎行事。

康熙三十九年（1700）四月，张鹏翮上任之后，鲜少安坐署中，每日骑马巡视河堤，不辞劳苦，“东至海壖，南至江表，西至开归，北至徐兖”，遍勘黄、淮、运河道，重点考察黄河入海口、归仁堤、高家堰等地。

张鹏翮注重实地调研，同时善于总结前人经验，博览舆图，反复研究，认真钻研治河理论。

“欲深黄其必开海口，欲出清其必塞六坝乎！夫海口不开，譬人之饕餮者，果于腹而尾闾不畅，未有不胀闷者也。六坝不塞，譬彼漏卮，随注随竭，未有不停蓄而资吾之用者也。且夫深黄出清，其途似殊，其实相为用。黄不深则常虞倒灌，而清不可出，是治河即所以治淮也；清不出则无由冲刷，而黄不能深，是导淮即所以导河也。”（张鹏翮《论黄淮要领》）

张鹏翮指出黄、淮弊坏的主要原因在于海口不开、六坝不塞。海口不开，则黄河入海不畅；六坝不闭，则淮河无法畅出清口刷黄。张鹏翮坚持治河即所以治淮、导淮即所以导河，视黄、淮、运为一体，审查全局，综合整治，这是自明末潘季驯、清初靳辅以来一脉相承的黄、淮、运综合治理方略。他接连上疏，请求拆除拦黄坝、开浚海口，挑浚芒稻河、引湖水入江，挑挖清口引河、畅通清口，堵闭六坝、蓄清刷黄，制定全面的治河规划。

五月，张鹏翮上奏《条奏应修工程疏》，列出十九款具体治河工程：一、河工所用芦苇、柴草多产海滨，旧有运料河年久淤塞，应挑浚深通；二、清水会黄入海，关键全在堵闭六坝，六坝又以夏家桥最为紧要，应等水落后及时堵塞；三、高家堰设坝泄异涨之水，前河臣于成龙改六座减水坝为四座滚水坝，今应并为三坝，于坝下开引河、筑顺水堤，以卫田庐；四、武家墩至小黄河之间的旧石堤应加高；五、洪泽湖临湖自古沟以下都是土堤，应修砌石堤；六、清河县运口至高邮州界首运河底部被黄河淤高，应挑浚深通；七、高邮、江都西岸土石堤，应趁冬季水落时加以修筑；八、高邮城南五座石坝改为四座滚水坝，其下开引河泄水；九、补砌归仁堤，寻找白洋河泄水通道；十、加固运口至滨海一带黄河堤工；十一、挑浚王家营引河；十二、修筑新中河堤岸；十三、开王家营减水坝，泄黄河漫溢之水；十四、加帮桃源县南岸土堤；十五、在骆马湖口筑竹络坝，防御黄河倒灌；十六、加筑黄河南岸王家堂缺口；十七、修筑徐州郭家嘴险工；十八、责令管河官抢护黄河、运河、中河运堤岸，所用帑银在承修人员名下追补

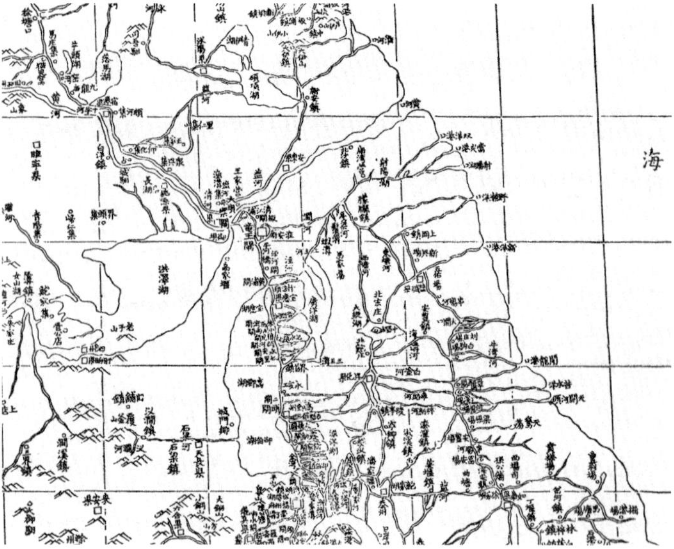

《康熙皇舆全览图》“江南”图局部

归还；十九、徐邳、睢宁、宿迁、桃源、清河、山阳、安东等处险工，应动支岁修银粮，敕令河官在伏秋二汛昼夜防守。

张鹏翮的河工规划涵盖了黄河、淮河、中运河、里运河、洪泽湖、高邮湖等河湖水系，具体举措包括疏通河道、加固堤防、挑挖引河、建立闸坝、巩固修防等，体现了他对水文、地理的深刻理解以及对水利工程的全面掌握，为河流治理提供了系统性蓝图。

制定章程　树立规范

张鹏翮在考察途中见到种种弊端，比如土堤用虚土堆成、石工修砌不坚实、河道挑挖不深等。他分析这些问题源自条例不严、领导不力，治河人员一领到公款，就随意花销，导致河工无实效、公款多虚糜。因此，张鹏翮考证古书、参考舆论，针对治河工程、钱粮、夫役等，陈列弊病，谨慎斟酌，出台河工九款。康熙三十九（1700）六月，张鹏翮上呈《敬陈治河条例疏》，向康熙一一陈述。这些条例又称河工九款，张鹏翮恳请在河岸立碑，将其刻于碑上，永远遵守。

一、坚筑堤工。筑堤时先将平地夯深，再加土坚筑，逐层夯实。将原堤夯实后再添新土，加固堤防。不许近堤取土，不许挖毁民坟，如有违反，惩处相关人员。若有隐瞒，将道厅官员一并弹劾。

二、整顿排桩。运河、中河顶冲处水势湍急，冲击河岸堤防，应用整条木头或木柴排桩镶压。严禁承筑人员侵帑肥己，如有截用木柴、修筑不坚、随修随坏、包庇隐瞒，一律责查追究。

三、停用龙尾埽。河工日常工程一般使用龙尾埽，但这种埽稀钉排椿、浅埋浮土，一遇风浪就会塌卸，徒费帑金，应停止使用。

四、修砌石工。桩木务必钉深、钉实，石工务必錾（音zàn）凿平整，石灰重筛后用米汁调和，捣杵胶粘，使石工无缝，再用铁锭、铁锔连为一体。兴工前检验物料，如有质量不佳、数量短缺、修砌草率、包庇隐瞒等现象，一律追究严惩。

五、核实埽工。岁修、险工用埽最多，虚报冒领等弊端根深蒂固。工程以平报险，用料以少报多，本年修

小贴士：清代埽工

埽工是在护岸、堵口、截流、筑坝等工程中常用的水工建筑。用梢料（柳梢、芦苇、秸秆）分层匀铺，压以土、碎石，推卷而成埽捆，简称“埽”。若干个埽捆连接起来，用于护岸等工程，称为“埽工”。根据功用、形状，埽又分为岸埽、水埽、龙尾埽、拦头埽、马头埽等。龙尾埽又称“挂柳”，用柴、草、苇、柳捆扎成龙尾形状的埽，倒挂于河岸，用绳缆系于堤顶桩上，在树冠坠压重物，使其入水，分杀水势，障护堤岸。

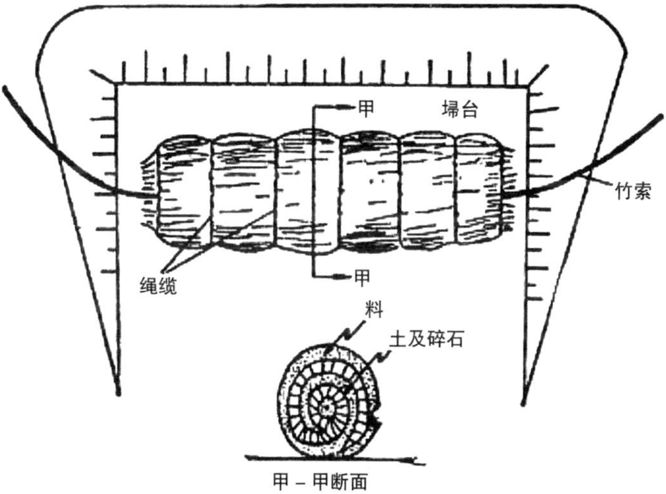

埽的卷制示意图（《中国古代防洪工程技术史》）

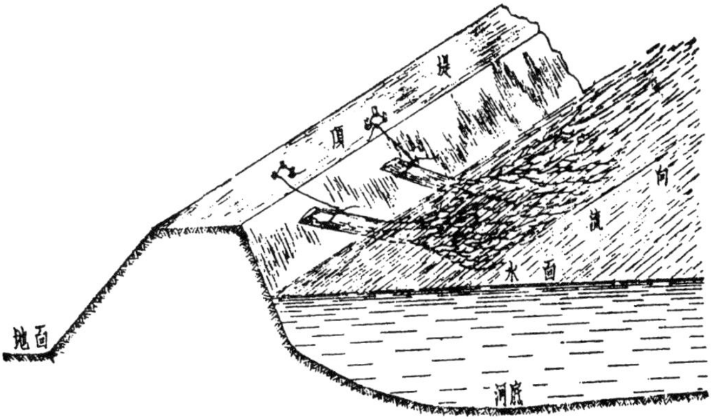

龙尾埽（挂柳）图（《中国古代河工技术通解》）

理，次年估销，新陈相因，易于混杂。呈报险情应估计数目，河臣凭此稽查，如有捏造假报、徇私隐瞒，应严肃处分、举发弹劾。

六、清除挑河之弊。挑河时务必将挑出之土堆于河岸，层层夯实，累积成堤。挖河人员务必使河道宽深，如若重蹈前辙，有浪费钱粮、潦草完工、引水淹漫、捏报淤垫等现象，所用钱粮除所挑土方外，一律不许结算，还要以侵帑误工罪名追究。

七、黄河裁弯取直。皇帝指示挑直黄河弯曲之处，使水流畅快，且从弯道处分引河水，减小水势。但所挑河道易被淤积，河工官员心生惧缩，不敢挑挖，建议对于怠慢河工、挑挖不力的追责赔修，对于实心挑挖、偶遇淤垫的免其赔修。

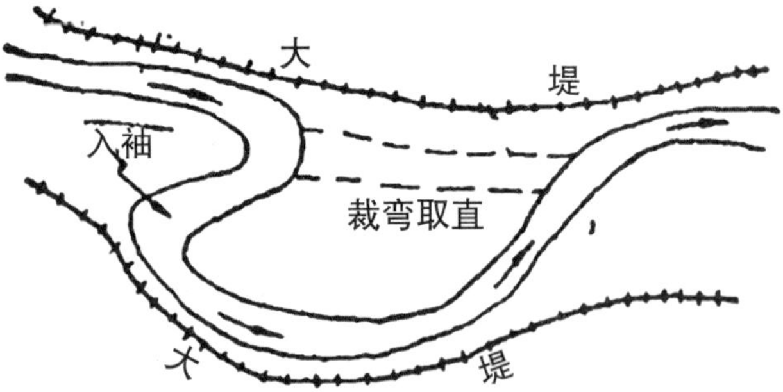

河道裁弯取直示意图（《黄河水利史述要》）

八、树立劝惩之法。河工官员尽职尽责、不避劳怨、不侵帑金、修防坚固的，属于尽忠为国的贤才，工成之日应从优叙功、提拔任用。那些玩忽职守、推诿责任、虚冒钱粮、工程不坚固的，属于不肖劣员，一经查明，严加治罪。

九、从优抚恤工役。挖掘河堤的役夫动辄数千，他们白天饱受风吹日晒，夜晚就宿在堤边，用席子搭棚休息，得到的工钱仅够糊口。恳请工程完成后，发给民工印票，由地方官查验，免除他们杂项杂役，以此作为奖赏。

河工九款是一套全面、系统的治河管理方案和河工考课章程，涵盖河工规制、查验标准、河员奖惩、抚恤工役等，有助于规范治河官员行为，确保河工有规可依，提高了治河的透明度和公正性，不仅在当时对治河起到了积极的推动作用，对后世水利工程管理也有借鉴意义。

第三章　清黄相会　畅通清口

张鹏翮治水时，最重要的工程在黄河、淮河、运河三者交汇的清口地区。康熙指示：“清黄相会之处，所关最要。”清黄相会之处指的就是清口，这里原是古泗水入淮之口，黄河夺泗水入淮后，这里成为黄河与淮河相会之处。清口既事关束水攻沙、蓄清刷黄的河工大

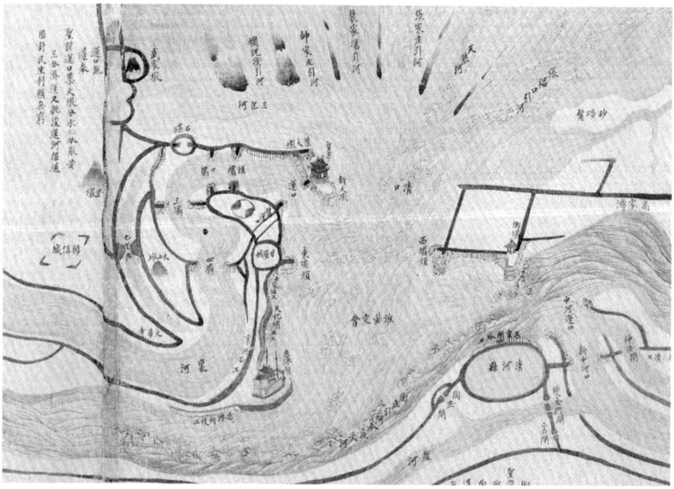

康熙年间《运河图》中清黄相会图

计，也是漕运咽喉要道，有清一代“治河、导淮、济运三策，群萃于淮安清口一隅，施工之勤，糜帑之巨，人民田庐之频岁受灾，未有甚于此者”。张鹏翮谨遵康熙旨意，通过实地调查、博考图经、询问父老等方式，探究治水要领，以畅通清口为中心，依次开展拆拦黄坝、挑清口引河、堵高家堰六坝、修归仁堤等工程。

拆拦黄坝　改大通口

南宋黄河夺淮前，淮河在阜宁北沙附近入海。1128年黄河夺淮后，由于黄河南北摆动，时常决口分流，携带的泥沙多沿途沉积，入海口延伸的速度并不快。直至明代后期，潘季驯主持高筑堤岸、束水攻沙，使黄河大量泥沙堆积在海口。潘季驯治河时，黄、淮入海口在北沙以东十公里外的云梯关。清代康熙初年，云梯关外已积沙成滩二十余里。靳辅治河时，疏浚清江浦至云梯关的河道，筑束水堤一万八千多丈，以约束水流，冲刷淤沙，畅通海口。康熙三十五年（1696），总河董安国鉴于海口日淤日远，筑拦黄坝，堵塞原黄河正道，引水流由新开引河马家港入海。这一举措拂逆水性，以致黄

小贴士：云梯关

云梯关原是淮河入海口，黄河夺淮以后变为黄河入海口。自唐代至清代，云梯关作为历代海防重镇、交通要冲，被誉为“江淮平原第一关”。明代筑城池，设大河卫，驻兵防守。明代后期至清代前中期，云梯关是河防重地，河道总督常驻此督导河工。随着淤沙渐涨、河口东迁，清末咸丰五年（1855）黄河改道由山东入海时，云梯关已距海口130多里，此处不再置军戍守，仅存云梯关之名。

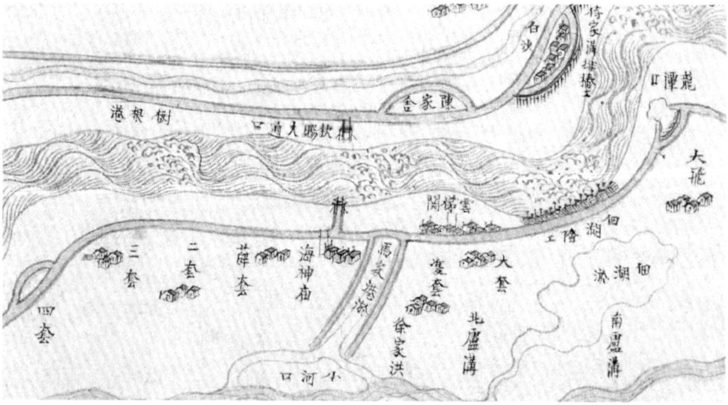

康熙年间《全黄图》中近海口处的云梯关和大通口

河倒灌，清口淤塞，下流不通，上流溃决，淮扬遭受水患。

张鹏翮赴任总河时，康熙指示务必拆毁拦黄坝。张鹏翮到任后，前往黄河入海尾闾查勘河工，经过云梯关时，看见拦黄坝巍然如山，中间仅存一线细流。此前康熙曾令于成龙拆拦黄坝，但于成龙并未按旨意执行，只令郎中朱成格拆坝十七丈，其后徐廷玺委派佟世禄等拆坝二十八丈七尺，拦黄坝及积土尚有三十七丈三尺未拆除，坝基高昂，壅滞水流。张鹏翮实地考察，测得拦黄坝以上黄河水面宽八十三丈。他建议拆除拦黄坝，疏浚河道，保持黄河上下游宽度一致，同时立即堵塞马家港，防止水流旁泄。等到黄河水位上涨，再开放黄河正道，利用迅疾的水流冲刷淤沙，保证黄河顺畅入海。海口畅达后，疏浚清口、堵闭六坝工程才能依次开展。

拆除拦黄坝工程于康熙三十九年（1700）四月动工，五月完工，黄河水势顺畅，滔滔入海，涤荡淤沙，短短十天之内，河道水深达三丈，宽度达一百多丈。六月，张鹏翮奏请将拦黄坝之名改为大通口，并建海神庙，以答谢神灵护佑。康熙批准张鹏翮的奏章，赐名大通口，建造庙宇。拆除拦黄坝后海口浚通、清水畅出，黄河水势稍减，康熙甚是欣慰，认为河工大有可望。

开七引河　筑清口坝

明代后期，淮河为黄河所阻，潴积于洪泽湖。洪泽湖东湖口靠近清口，因此湖水只要畅出清口口门，即可汇黄刷沙。清代康熙年间，清口历经数次黄河倒灌、泥沙淤塞，与洪泽湖湖口之间的距离已达三十里，既不利蓄清刷黄，也难以引水济运。此时单纯依靠增筑高家堰、抬升洪泽湖水位已很难使清水畅出清口，挑挖引河成为治理清口的重要举措。靳辅治河时大挑清口，在淮河出湖口开挖帅家庄、裴家场、烂泥浅、三岔河等四道引河，汇于一流，出清口会黄刷沙，使黄、淮合流入海。其后董安国错误治河，导致清口淤塞，靳辅所挑引河多被泥沙淤塞。

康熙三十八年（1699）康熙第三次南巡，视察河工，指示张鹏翮挑挖清口引河，并强调只有先挑挖清口引河、畅通淮河口门，才能陆续修整高家堰、治理运口。张鹏翮治水时，坚持实地查勘，稍有空隙，就乘坐小船徘徊于清口。他在《论治清口》中强调：“盖精神无时不注于清口，而治清口又无时不注于引河。”

康熙三十九年（1700）五月，张鹏翮上疏请求在张福口挑挖一道引河，长一千五十丈，宽十丈，深八九尺或一丈。张福口在明代就有，潘季驯治河时，顾虑淮水由此分流，便筑堤堵塞。清代清口淤积，距洪泽湖口三十里，只有两条小河水深尚可，吸引商船集聚于此，这两条小河正好与张福口相连。张鹏翮建议在张福口开挖一条引河，导引淮湖之水畅出清口。这一提议得到康熙认可，张鹏翮亲自督工，不过一个月，张福口引河就完工，总长一千三百三十五丈。在张福口迤南的裴家场，张鹏翮又主持开挖一条引河。工程完成后，张鹏翮担心引河分流后削弱淮河水势，不足以蓄清刷黄，又将张福口与裴家场的水流汇合一处。张福口引河河床坚固，裴家场河道多沙，也可借此

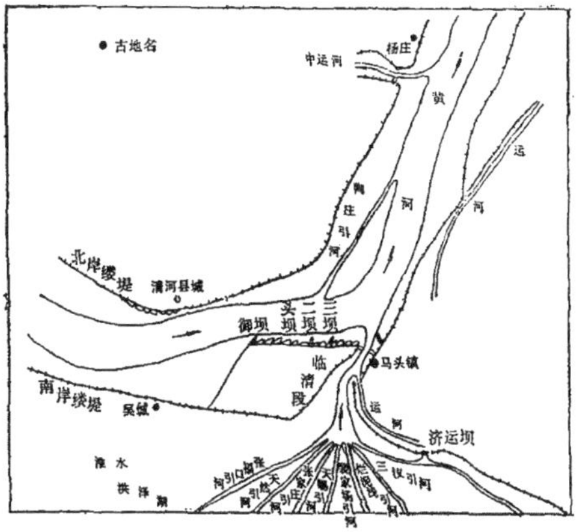

康熙三十九年（1700）清口引河图（《黄河水利史述要》）

机会冲刷。往南还有一条烂泥浅引河，经过多次疏浚仍未完成，张鹏翮主持挖掘淤泥、加深河道。在武家墩以北，还有一条三岔河，自从淮河之水在清口断流后，只留这一线河道勉强济运，但到秋冬时节水位下降，河道仍会成为一片陆地，张鹏翮也主持一同疏浚。这样清口地区就形成了四条引河，引河开通后，水流充沛，清口出水口门宽至三十多丈。

康熙三十九年（1700）十二月，张鹏翮担心新开引河不足以畅通淮河。由于高家堰六坝总宽二百八十丈，六坝堵闭后，以清口三十余丈口门宣泄，水流难免外泄不畅。张鹏翮详细考察后，又在张福口引河、裴家场引河之间开凿一条引河，宽二十丈，深一丈，长一千六百七十丈，命名张家庄引河。这样，清口地区便有五条引河，汇聚一处，大部分水流蓄清刷黄，小部分水流从烂泥浅、三岔河至七里河、过文华寺蓄水济运。康熙四十年（1701），张鹏翮又顾虑淮河水势偏移，在清口筑一座坝台，逼淮水三分济运、七分敌黄。引河开凿后，水势相连，沛然畅出，又在清口地区冲出两条引河，当地人视为神迹，称为“天然河”。七条引河相汇一处，控引清流，专力刷黄，资以济运。

另外，防止黄河倒灌也是治理清口的重要内容。康熙三十七年（1698）总河董安国建清口东西束水坝，西坝御黄，东坝束清，通过收展东、西坝口门来调控洪泽湖水位，达到蓄清刷黄的目的。康熙三十八年（1699）康熙第三次南巡，看到清口依然存在黄水倒灌现象，便指示河臣在清口以西对岸开挑陶庄引河，导引黄水北趋，远离清口，同时在清口西坝一带建一座挑水坝，主要用于挑开大溜，保护河岸堤工。康熙三十九年（1700）七月，张鹏翮主持建成挑水坝，黄河大溜渐渐循北岸而流，这一挑水坝后来被称为“御坝”。

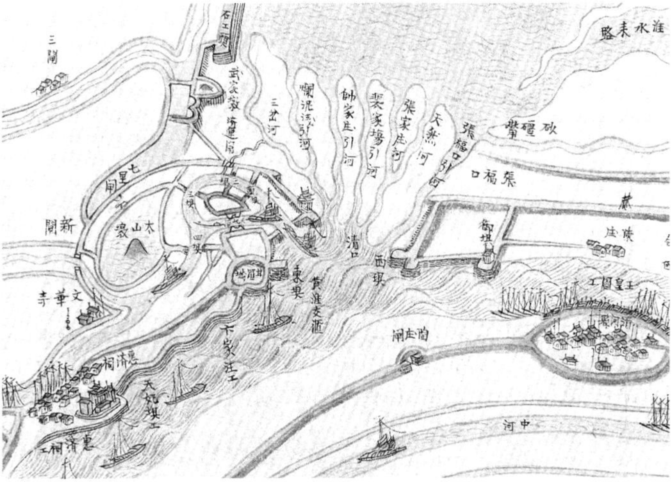

康熙年间《全黄图》中的清口引河和御坝

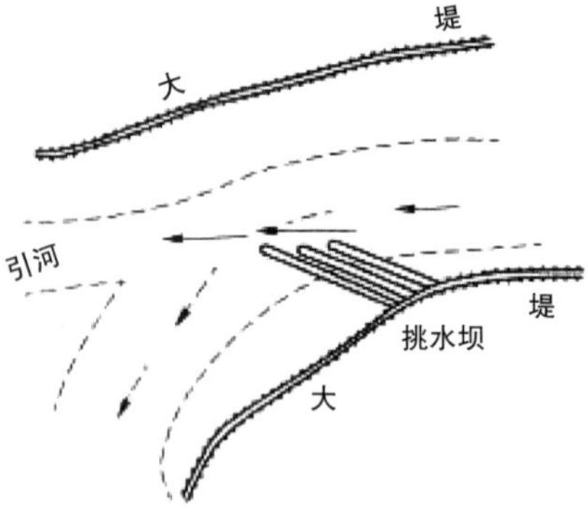

堵口挑水坝图（《黄河传统与现代防洪抢险技术》）

康熙四十年（1701）七月，陶庄引河开放，黄水远离南岸清口，奔向北岸。十月，张鹏翮奏请将挑水坝加长，得到许可后，张鹏翮主持修建御坝至清口西坝的堤岸，长四百八十丈五尺，顶宽六丈，底宽十丈，再将西坝延长，导引黄河之水向北过惠济祠后再与淮水汇合，以杜绝黄河倒灌之患。

堵六滚坝　治高家堰

高家堰是洪泽湖大堤。明代以前，洪泽湖一带原是塘泊洼地，有小规模的堰坝捍御淮水，即高家堰前身。明代后期黄河固定在泗水一线夺淮入海后，淮水排泄不畅，停蓄在塘泊洼地，小湖群逐渐潴水形成洪泽湖，同时大规模增修湖堤工程开始兴起。明代万历初年，潘季驯为践行蓄清刷黄政策，大筑高家堰，将堤岸向南延伸

小贴士：洪泽湖

洪泽湖是我国第四大淡水湖，位于江苏省淮安、宿迁市境内。洪泽湖原是小湖群，包括白水塘、富陵湖、泥墩湖和万家湖等。1128年黄河夺泗入淮后，淮河失去入海水道，在盱眙以东停滞，水面逐渐扩展。明代后期潘季驯为践行蓄清刷黄政策，兴修高家堰，致使湖泊水位抬升，众多小湖泊合而为一。清代靳辅等人治水时，进一步增筑高家堰，建立一系列调控湖水蓄泄的闸坝，使洪泽湖成为淮河下游一座大型水库。

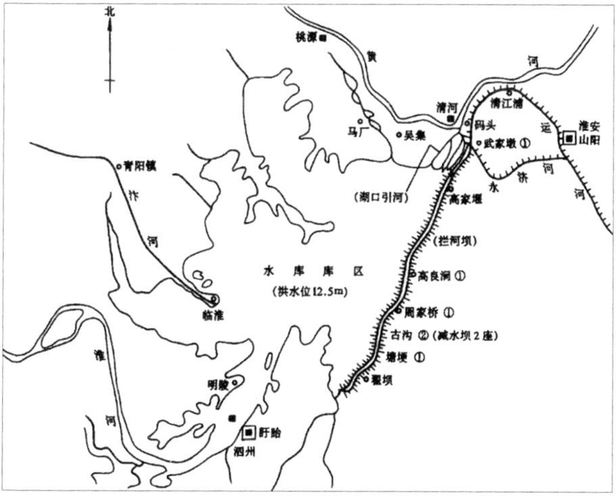

康熙十九年（1680）洪泽湖示意图（《京杭运河史》）

到达越城，同时将堤坝加宽、加高。明代万历二十二年（1594）洪泽湖湖水暴涨，总河杨一魁实行“分黄导淮”政策，在高家堰开武家墩、高良涧、周家桥三座减水闸，调控湖水蓄泄，并开浚草子河、三岔河、通济河三条引河泄水，成为高家堰建闸设坝的开端。

明清之际，大堤屡冲屡决，清初靳辅任河道总督，延续潘季驯治水方针，将高家堰大堤由周桥延伸至蒋坝，修建石墙坦坡抵御风浪。康熙十九年（1680）靳辅在高家堰上设武家墩、高良涧、周家桥、古沟东、古沟西、塘埂等六座减水坝分减水流。康熙二十七年（1688），因原六坝泄水过多，选择地势较高的地方建新六坝，分别是茆家围北坝、茆家围南坝、夏家桥、唐埂北坝、唐埂中坝、唐埂南坝，结果在康熙三十五年（1696），高家堰六坝被大水冲毁，不仅影响清口蓄清刷黄，也使下游淮扬地区遭受严重水患。康熙三十八年（1699），总河于成龙申请堵塞六坝，在高家堰上改建四座滚水

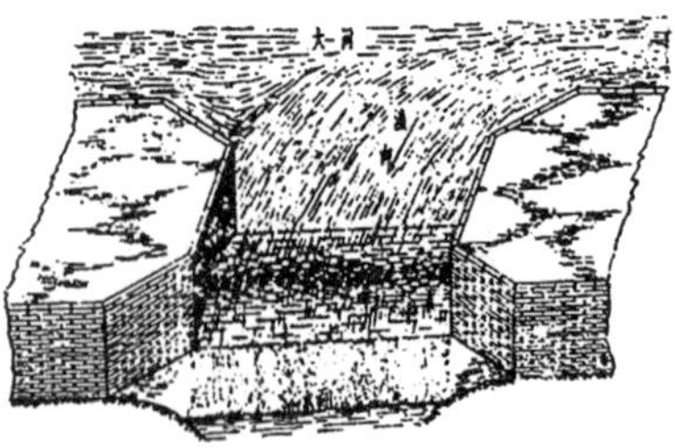

滚水石坝图（《中国古代河工技术通解》）

坝，因其突然离世，工程未能完成。随后淮水大涨，高家堰已经堵筑的三座减水坝被冲毁，随即委于洪流。

张鹏翮被任命为总河后，康熙指示治河机宜，强调堵闭六坝关系束淮敌黄，也关系下游地区的水患治理。张鹏翮在《论塞六坝》中指出：“两河之关键在高堰，

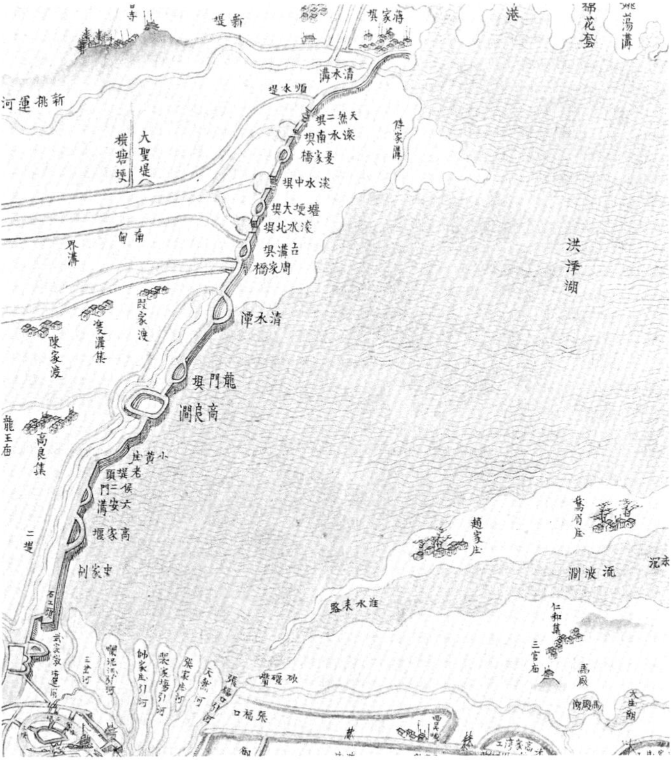

康熙年间《全黄图》中高家堰和洪泽湖

高堰坚闭，则淮流之趋清口者强，而黄自弱。黄、淮顺轨，南北分流，则漕渠常利，而民生亦无垫溺之患。”康熙三十九年（1700）八月，康熙命令张鹏翮严加整顿河员，务必在九月前将六坝堵筑。直到十月，张鹏翮上奏，高堰六坝已堵闭五个，剩余夏家桥一坝也已堵筑过半，只等漕米粮船返回、由洪泽湖入淮河后，就将夏家桥全部堵闭。

蓄清刷黄全靠抬升洪泽湖水位实现，因此高家堰堤工必须坚固。六坝堵闭后，紧接着就是帮筑高家堰堤工。张鹏翮在《加高堰堤工疏》中指出：“盖蓄清敌黄，全恃高堰堤工坚固，关系最为紧要，刻不容缓。”最开始，高家堰堤岸督修不属于张鹏翮管理，而由兵部尚书范承勋等人负责。康熙面授治河机宜时就对张鹏翮说：“高家堰见差大臣督修，尔无与焉。”让张鹏翮把治水重点放在黄、淮交会的清口，但督修高堰是清口治理的重要一环，张鹏翮格外关注。

康熙三十九年（1700）九月，尚书范承勋等奏请将王日藻等遗留的工程令河员常维祯等帮筑，而张鹏翮称常维祯等已有赔修工程（之前被淮水冲开的高家堰三坝，责令常维祯赔修），如果再兼顾别的工程，恐怕顾

小贴士：河工赔修制度

河工赔修是治河工程发生损坏，负责官员承担经济赔偿的制度，自康熙年间创立，黄河堤工保固期一年，运河堤工保固期三年。若保固期内堤工损坏，由修官赔修；若保固期外堤工损坏，由防守官赔修。在赔修数额上，康熙年间照工价全额赔偿，经过雍正和乾隆年间调整，改为“赔四销六”。

此失彼，工程两误，帑银牵混。双方意见不合，经过商酌，康熙认为总河职责应当专一，决定撤回范承勋等九名督修高家堰的官员，督修工作交与总河张鹏翮负责。十月十九日，张鹏翮亲自前往高家堰六坝催工，见武家墩至小黄庄一带临湖排桩多已腐朽败坏，提出重新加砌石工，同时将高家堰石工向南延伸至古沟，趁冬季天干水涸迅速修筑，保证堤岸坚固持久。康熙四十年（1701），张鹏翮派人丈量水面至高家堰堤顶的距离，高的五六尺，低的二三尺。张鹏翮集合众河官修防之法，以堤岸高出水面七尺为度，主持加高武家墩至棠梨一线的高家堰，总长一万四千九百八十一丈二尺三寸。

高良涧水利风景区高家堰石工墙（袁慧 摄）

古代高良涧闸遗址（袁慧 摄）

张鹏翮还加筑武家墩至运口一带堤工，使之高厚，又从新大墩至裴家场创筑拦湖坝一道，抵御风浪，束水敌黄，对于棠梨树迤南至秦家高冈一带的堤工，一律在临湖丁头镶柴以资捍御。来年汛期黄、淮并涨时，洪泽湖水位骤涨，张鹏翮又在高家堰另建三座滚水坝，倾泄涨溢之水，防范堤岸被冲决，并在坝下原有草子河、塘漕河的基础上开浚引河、筑顺水堤。

康熙四十年（1701）五月，河道总督张鹏翮主持在码头镇铸16只镇水犀（俗称铁牛），放置在黄河、运河、高家堰险要地段，分别是洪泽夏家桥、安东便益门、高家堰大坝、响水马家港、洪泽茆家圩、洪泽高良涧、洪泽龙门坝、清江浦洪福庄、阜宁清水塘、中河、桃源谈家庄、邳州戚子堡、高邮马棚湾清水潭、徐州郭家嘴、清口汴家汪、江都邵伯更楼，达到镇堤防浪的目的。16只铁牛现今仅存7只，分别是洪泽湖大堤风景区（即高家堰风景区）1只，洪泽湖高良涧节制闸西首2只、三河闸南首2只、江都邵伯镇文化站1只、高邮县城文游台1只，位于洪泽湖大堤的铁牛自建成以来位置未动，其他6只相较历史上的位置都被挪动。高家堰铁牛长1.73米、宽0.83米、高0.81米，昂首屈膝伏卧在铁板底

高良涧闸管理所铁牛（袁慧 摄）

三河闸管理所铁牛（袁慧 摄）

座上，重达2400公斤。铁犀肩部有张鹏翮题写的铭文：“维金克木蛟龙藏，维土制水龟蛇降。铸犀作镇奠淮扬，永除昏垫报吾皇。”铁牛铸造工艺精湛，承载着历史时期黄、淮、运治理的深厚内涵，是极其珍贵的文化遗产。

修归仁堤　固黄河岸

归仁堤与高家堰相为表里，高家堰是淮扬地区的屏障，而归仁堤是高家堰的屏障。归仁堤由明代万历七年（1579）潘季驯主持修筑，因建于归仁集（今江苏泗洪境内）而得名。修筑归仁堤是为了拦截上游濉水、白鹿湖等水，防止注入洪泽湖，冲击明祖陵（明太祖朱元璋的高祖、曾祖、祖父的衣冠冢和朱元璋祖父的殁葬地）和泗州城，同时拦束濉水等从白洋口进入黄河，冲刷淤沙。

清初，归仁堤失修，黄河倒灌白洋河口，河身淤高，濉水、白鹿湖不能泄入黄河，转而倾注洪泽湖，致使湖水抬升，冲决高家堰。康熙初年靳辅治河时，从黄河南岸毛城铺、王家山等处开十五座减水闸，待黄河大

小贴士：泗州城

泗州是一座千年古城，兴于唐代，北宋因地处淮河、汴河交汇处，船只过泗州由汴河直抵首都开封，成为南北交通要冲。明代潘季驯实行“蓄清刷黄”方略，筑高家堰，抬高洪泽湖水位，位于淮河之滨的泗州常遭水患。清代靳辅治河，增筑高家堰。康熙十九年（1680）黄、淮并涨，泗州城被淹。21世纪有关泗州城遗址的调查勘探陆续开展，逐渐揭开水下古城神秘面纱。

涨时，开闸泄水，与白鹿湖、濉水汇合，流入洪泽湖，实现“减黄助清”的目的。同时，靳辅重修归仁堤，建五堡闸、便民闸，既拦截白鹿湖诸水入黄刷沙，也通过堤上减水闸调控水流，相机下泄洪泽湖，减黄助清。康熙三十八年（1699），总河于成龙堵塞归仁堤便民闸等，防止水流汇入洪泽湖冲击高家堰，但毛城铺等处减水闸尚未堵塞，从黄河分减的水流无处排泄，造成水灾泛滥，于成龙建议在四堡开挖引河，由胡家沟入黄河。康熙三十九年（1700），张鹏翮亲自率领治河官员实地查勘，补砌归仁堤石工。他看到四堡、胡家沟一线地势高亢，都是沙土，难以挑挖引河，建议自涵洞起至黄河老堤头一线挑浚引河，长三千八百二十二丈五尺，并在引河南北筑堤束水，加瓷石工，引水归黄，冲刷河身，减少洪泽湖水患。另外，张鹏翮在老堤头水口建石闸，在临近黄河的地方筑草堤，相机启闭，防止黄水倒灌。同时在五堡建矶心石闸，黄河盛涨，则闭老堤头闸，开五堡闸，以备湖水倾泄。康熙四十一年（1702）二月，张鹏翮因归仁堤五堡石工高下不齐，建议补砌平实，再将土堤坍卸残缺之处加帮筑实。

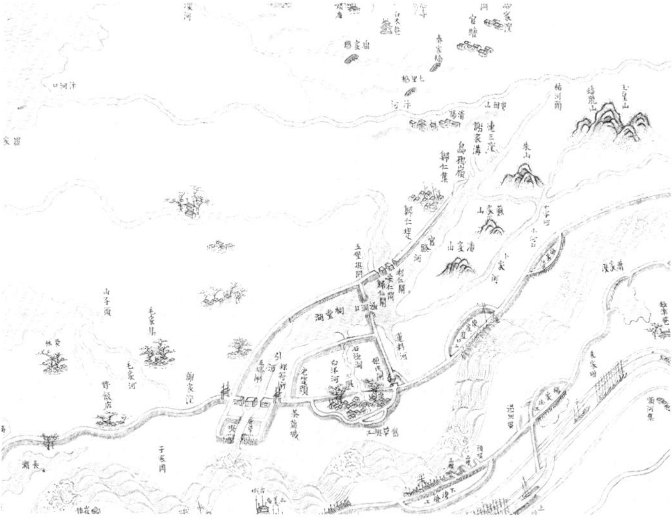

康熙年间《全黄图》中的归仁堤

黄、淮回归原道之后，水流通畅，张鹏翮为防止堤岸决口，采取加筑堤工、分减水势、挑水远离等举措。康熙三十九年（1700），张鹏翮称时家马头堵筑后，黄河全流入海，伏秋水势大涨，清口至海口一带堤工须加帮高宽。康熙四十年（1701）五月，张鹏翮上疏，黄淮交会、水势加长，修防工程更加紧要，对时家马头、童家营、陈家社、龙潭口、歪枝套、辛家荡、邢家河、马家港等堤坝处，应该帮筑加固、挑挖引河、钉桩下埽。康熙四十一年（1702），张鹏翮奏请加筑清河县黄河南北岸戗堤，改下家庄土堤为石堤，又因桃源城西烟墩黄水大涨，张鹏翮请求加筑卫城月堤，并在邵家庄、颜家庄开引河。

第四章　治运减患　河工告成

康熙把治水当作立国之本，既要求保漕护运，也强调安定民生。张鹏翮谨遵康熙圣谕，在畅通清口之外，开展一系列保障漕运、护卫民生的举措。康熙四十二年（1703），康熙第四次南巡，见清口畅通、黄淮安澜，肯定河工已基本告成，对张鹏翮给予表彰和嘉奖。

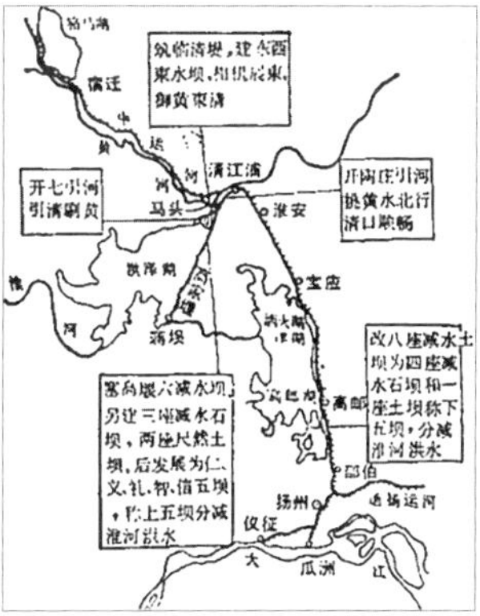

张鹏翮治理高家堰及运河工程示意图（《中国水利史稿》）

辟入江路　设归海坝

康熙三十五年（1696）黄、淮大水，海口淤垫，清口淤塞，高家堰六坝决口，洪水泄入宝应湖、高邮湖等

（简称“高宝诸湖”），里运河堤岸大规模溃决，漕运受阻，运东里下河地区水患严峻。张鹏翮在堵塞决口、坚闭六坝的同时，也堵塞运堤决口，修筑高邮、宝应一带的堤岸，使运河安流。另外，为分泄淮河、洪泽湖之水，防止水流冲决运堤影响漕运，也为缓解里下河水患，张鹏翮主持开辟淮水入江通道，并在运河东堤筑滚水坝，形成归江、归海并行泄洪的水利系统。

淮河原本独流入海，明代后期淮河入海通道被黄河阻拦，淮水转而冲决高家堰，泄入下游高宝诸湖。潘

小贴士：里运河的历史

里运河又称里河、淮扬运河等，指大运河淮安至扬州区间的运河。“里河”之名相对“外河”而言，黄河、淮河称“外河”。里运河的前身是春秋末年吴国开凿的邗沟，也是我国史书最早明确记载的运河之一。宋代以前，运河部分借湖泊通行，宋代至明代随着运堤兴筑，实现河、湖分离，成为一条线性运河。明末以来，里运河除了航运、灌溉作用外，还成为行洪河道，起着分泄淮河、洪泽湖洪水入海、入江的作用。

里运河高邮段明清运河故道（袁慧 摄）

季驯修筑高家堰后，洪泽湖水位上涨，侵袭泗州城和祖陵。总河杨一魁治水时，实行“分黄导淮”策略，在高家堰建武家墩、高良涧、周家桥三座减水闸，分泄洪泽湖洪水入高宝诸湖，使之沿里运河西堤南下，进入邵伯湖，由瓜洲运口、金湾河、芒稻河导入长江，并建金湾闸、芒稻闸调控水流，开启淮水入江之始。

清初靳辅治河时十分注重入江一路的泄水作用，淮水绝大部分从清口会黄入海，小部分淮水在汛期涨溢，由高家堰六坝下泄至高宝诸湖，一路穿过里运河运堤，

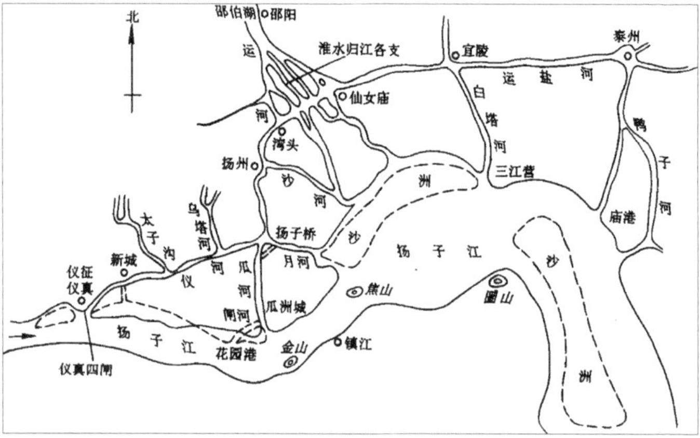

清前期里运河临江运道及淮水入江示意图（《京杭运河史》）

由归海坝泄入运河以东，途经里下河地区入海，一路沿运堤南下入江。康熙三十八年（1699）三月康熙南巡，查勘运河水情，途经高邮，看见运河以东水患严重，分析是开坝所致，指示总河于成龙堵闭运河东岸归海坝、涵洞，导引湖水由芒稻河、人字河入江。七月，运河各坝堵闭后，全部水流从金湾三闸汇入人字河、芒稻河入江，水势湍急，宣泄不及，以致上游高邮、邵伯一带湖水盈溢。总河于成龙奏请从凤凰桥起至王家庄一带疏浚深通，直达湾头河，又自董家沟至朱家桥，疏浚旧有河道，直达八港口，渐渐消解漫溢之水，但引河最终并未挑成。康熙三十九年（1700）五月，张鹏翮上疏称，人字河自金湾闸至孔家渡河道狭窄，应开浚拓宽。芒稻河两岸同样狭窄，且有两处土坡，前任河臣尚未挑挖完成，今年湖水盛涨，应尽快铲除土坡，同时疏浚凤凰桥引河，引水入运盐河、芒稻河。双桥、湾头二河河底淤浅，也应趁冬季挑浚。芒稻闸、湾头闸年久失修，需重新修筑。康熙三十九年（1700）十一月，张鹏翮委令淮扬道同知马骧等一边挑浚，一边将挑河土方、筑坝工料银两据实估计。

里运河原本无堤，唐宋时期才开始兴筑运河堤岸。宋代运堤上置减水闸、涵洞调控水流蓄泄，明初平江伯陈瑄督理漕运，兴修运河宝应、高邮一带堤岸，并在

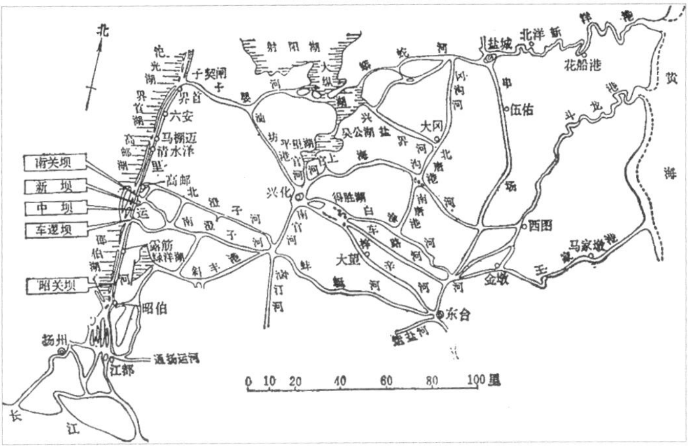

里运河归海五坝位置图（《淮河水利简史》）

运堤上设多座平水闸维持运河水位。清初康熙十九年（1680），靳辅主持在里运河东堤建子婴沟坝、永平港坝、五里坝、车逻坝、南关旧大坝、八里铺坝、柏家墩坝、鳅鱼口坝等八座归海坝。

康熙三十八年（1699）三月康熙第三次南巡，下令关闭运堤东岸滚水坝、涵洞，高筑堤防。四月，康熙指示修补运堤残缺石工，加帮堤岸单薄之处，以高五尺、底宽二丈、顶宽七八尺为标准，以期起到阻遏水势

小贴士：归海坝与里下河水灾

归海坝是清代为保护里运河堤岸免被冲决、保障漕运而设立的水利工程，名为归海，实则是将洪水泄入里下河地区。清代康熙年间靳辅设归海八坝，张鹏翮改为四座滚水坝。乾隆年间又建南关新坝，形成归海五坝。道光、咸丰年间关闭昭关坝，废止中坝，形成归海三坝。每次开坝，里下河地区就会一片汪洋，“一夜飞符开五坝，朝来屋上已牵船。田舍漂沉已可哀，中流往往见残骸”等诗词民谚描述了这一情形。直至新中国成立以后，随着淮河流域的治理，里下河灾情才得到改善。

南关坝遗址（袁慧 摄）

的作用。伏汛水发，高邮、邵伯等处水流漫溢，于成龙思量开启二座减水坝，保全运河堤岸。但是骤然开坝泄水会伤害农田，闭坝又会危及堤岸。十月，于成龙奏请将归海坝样式由减水坝改为滚水石坝，水势大涨时，多余的水流便从坝顶滚落堤外；水势微小时，水源则会自动存蓄在运道，保持航运水位。康熙三十九年（1700）五月，洪泽湖之水从高家堰滔滔东注，淹没里运河西堤后，浸及运河东堤，张鹏翮唯恐东堤单薄、难以捍御，奏请相机开启运堤三座归海坝保护堤岸，同时修筑里运河宝应、高邮、江都一带的西堤，等到秋末水位下降，将高邮城南五坝改为四座滚水坝，分别是八里铺坝、昭关坝（原鳅鱼口坝）、南关坝（原五里坝）、车逻坝，并在坝下开凿引河，引水入海。

挑下河道　泄上游水

下河，又称里下河，位于里运河以东、串场河以西、废黄河以南、通扬运河以北，是一个四周高、中间低的洼地，形如釜底，海拔多为2米左右，最低处不到1米。“下河”相对“上河”而得名，历史上随着运河堤

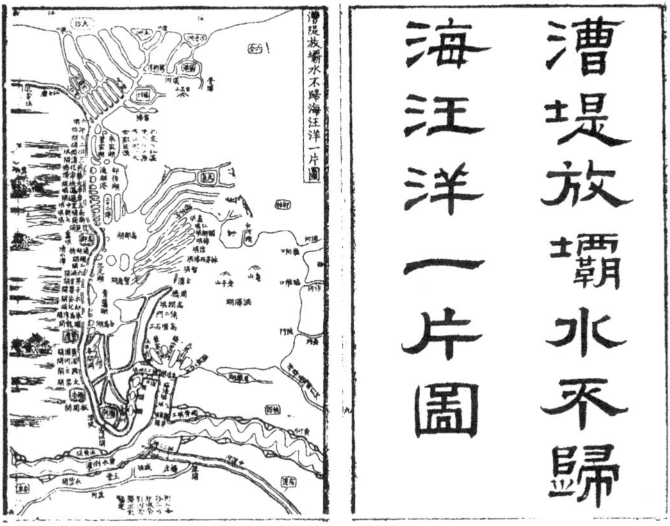

《漕堤放坝水不归海汪洋一片图》（《淮扬水利图说》）

防修筑，运堤以西湖泊水位高于运河，称“上河”，运堤以东河流湖泊水位低于运河，称“下河”。明代后期起，清口淤积严重，淮水不能东出，潴积在洪泽湖，由高家堰下泄，进入高宝诸湖，湖泊无法容纳大量洪水，冲决运堤。官府为保护运堤，不得不开启减水坝泄水，运河以东的里下河地区成为洪水走廊与蓄洪区。

康熙二十三年（1684），康熙第一次南巡，行至高邮等地，看见运东里下河地区田庐漂没，于是指示挑浚海口，使里下河田地尽快涸出水面，但里下河东部靠近海口的地势本就高亢，且受海潮顶托，挑浚海口不仅无法顺畅泄水，还会引起海水倒灌。针对下河的治理，靳辅提出“束堤归海”方案，就是在高邮以南车逻镇附近的运河东堤上建造两座大闸，导引上游洪水进入运东，同时高筑兴化、白驹一线的堤防，束水入海，等里下河田地涸出水面后，再丈量土地，招民屯垦，收取佃价，作为河工费用。这一方案遭到翰林侍读乔莱等十一名淮扬籍官员的反对，并引发以下河治理为中心的朝堂纷争，最终靳辅被弹劾屯田累民，遭革职处分，康熙采取于成龙开浚下河入海口的方案，但此后十余年治河成效并不明显。

康熙三十八年（1699），康熙第三次南巡，视察高家堰等工程后，指出：“不治其源，徒治下流，终无益也。”里下河治理的关键在畅通清口、堵塞高家堰六坝以及运堤归海坝，减少上游泄水量。康熙三十九年（1700）张鹏翮也分析下河水患原因，他在《论治下河》中指出：“下河居运河之下，运河又居淮、湖之下，洪泽堤岸不固，则七十二山河之水，建瓴东注而运堤坏。运堤坏，而江、兴、泰、高、宝、山、盐七州县滨海之民，如鱼游釜底，其势然也。下河为泄水入海之道，道不通则泛漫，停蓄亦足为害。”因此，张鹏翮治水时，首先挑挖清口引河、畅通入海路径，其次堵塞高家堰六坝，减少水流泄入里下河地区，同时挑挖人字河、芒稻河，引盛涨之水入江，从而减少开启归海坝、避免泄水入里下河。但是黄河善淤、善决、善徙的特点致使清口不时被淤，淮水受阻，洪泽湖泛滥，为保持蓄清刷黄河工大计，不得不开启高家堰减水坝泄水，保护大堤免受冲决。洪水泄入高邮湖、宝应湖，又会造成里运河堤岸决口。为护漕保运，又不得不开启归海坝，泄水入里下河。

张鹏翮乘船查勘，博访父老，探访出里下河地区水文形势。他在《论治下河》中说：“大约下河以兴化为壑，故水多趋之；以运盐河、海沟河为络，故水多径之；以射阳为归墟，故水多萃之。”为疏导里下河区内积水归海，张鹏翮主持分南、北、中三路开挖入海河道。

南路在高邮、泰州、兴化。从高邮南关大坝下起，自拦马河至朱三桥，共三百九十一丈，从高邮车逻坝起，自拦马河至齐家庄，共三百三十丈，各开引河，汇入一河，经一沟、二沟、三垛，至兴化海沟河、白驹场入海。从泰州淤溪至车儿埠、滔子河入海。兴化地势最低，形如釜底，水患最严重，疏浚海沟河，起鲍家庄、过黄庄至白驹场，共一万四千四百八十丈，这样南路积水才会渐消。

北路在山阳、盐城。在山阳开泾河、涧河，泄运河溢漕之水，通舟楫之利，引积滞之水。修复泾河闸、兴文闸，在泾河闸下开河，经大小张家桥、黄家舍至留家庄入射阳湖后归海，共七千二百五十丈。在涧河闸下开河，经通济桥、陈家舍、车家桥、刘均沟入射阳湖后归海，共一万四千三十丈。山阳、盐城虾、须二沟是射阳湖尾闾，早前已被黄河泥沙湮没。张鹏翮通过寻访，开浚疏通，使二沟之水汇入朦胧河，过庙湾入海，这样北路积水才会渐消。

中路在宝应，导子婴沟入射阳湖后归海，这样中路积水才会渐消。三路入海通道开浚后，里下河低洼泥泞的面貌渐消，泽国变乐土。

治中运河　改杨庄口

徐州至清口之间原有泗水河道，黄河夺泗入淮后，这段河道便成为黄河河道。明代徐州至清口段的运河需借助黄河通航，形成借黄行运、黄运合一的格局，因此这段运道又被称为“河漕”。

黄河素来以善淤、善决、善徙著称，借黄行运无异于饮鸩止渴，且在这一段运道上有两个险要河段，分别是徐州城东南二里百步洪、东南五十里吕梁洪，其中怪石暗礁林立，水流湍急，行船极为危险。明代后期，黄河频繁在徐州附近决口，运道受阻，避黄行运、黄运分

小贴士：河漕

京杭大运河各段水文特点、航运条件不同，称呼也不同，有白漕、卫漕、闸漕、河漕、湖漕等。自漕河北端张家湾至北京，元代称通惠河，明代称大通河，清代常称北运河，因藉资白河，又名白漕。卫漕导引卫水，又名南运河。闸漕，即会通河，北会卫河，南出茶城口会黄河，中间地势高差大，需要闸坝调控水位，该段闸坝众多，故名闸漕。河漕指黄河行漕段，上至茶城，下至清口。湖漕指淮河至扬州长江段，中间经过宝应湖、高邮湖、邵伯湖，赖湖水通运。

离逐渐被治河者重视。明代嘉靖四十四年（1565），官方开南阳新河，北起南阳闸，经昭阳湖、夏镇至留城归入运河，避免运道被黄河冲决。万历年间，官方又提出开泇运河，北起夏镇接南阳新河，向南至直河口，避开黄河近150公里，既使徐州段运河免受黄河冲决，又可避开徐、吕二洪。万历二十一年（1593）总河舒应龙在韩庄开渠四十五里，万历二十八年（1600）刘东星沿着舒应龙开凿的韩庄故道，开挖良程、侯迁、台儿庄河道。万历三十二年（1604）李化龙组织开凿泇河，从夏镇李

宿迁皂河龙王庙（袁慧 摄）

家口至邳州直河口，全长二百六十多里。其后曹时聘进一步完善，泇河全线基本完工，漕运得到改善，但邳州直河口至清口一百余里仍借黄行运。

明末清初，泇河南端直河口淤塞，康熙十八年（1679）到康熙二十年（1681），靳辅为解决泇河南端入黄运口多次淤塞问题，在宿迁县境骆马湖以北开挖一条皂河，但是宿迁以南至清口仍是黄运一体，漕船负载漕粮由清口溯黄而上，航行艰难，且波涛汹涌，漂溺事故频发。康熙二十五年（1686）靳辅在皂河基础上进一步开通中河（又称“中运河”），上接泇河、皂河，自张庄运口经骆马湖，沿黄河北岸，在遥、缕二堤之间开

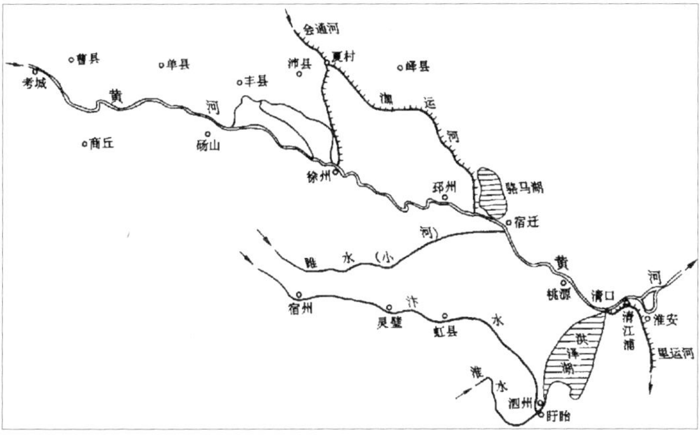

明代泇运河示意图（《京杭运河史》）

清代中运河示意图（《淮河水利简史》）

渠，过宿迁、桃源，在清河仲家庄运口入黄河。康熙二十七年（1688）中运河竣工，北上漕船从里运河出清口后，斜向西北七里，由仲家庄进入中运河，避黄河一百八十里风涛险阻。如此，徐州至清口一段全线初步实现黄、运分离，“河漕”不复存在。康熙三十八年（1699），总河于成龙以中运河南岸逼近黄河，难以筑堤，于是从桃源盛家道口至清河，废弃中河下段，将原中河北岸改为南岸，另筑新北堤，改凿河道六十里，取名新中河。

康熙三十九年（1700）十月，总河张鹏翮率治河官员查勘新中河，见河头弯曲，粮船航行不顺，三义坝以上三十一里新中河河身浅狭，三义坝以下至仲庄闸二十五里旧中河河身宽阔，但难以兴筑堤岸，因此张鹏翮建议在三义坝筑一道拦河堤，将旧中河改入新中河，使旧中河上段与新中河下段合为一河。中运河最终成型，粮船通行无阻，但船只从黄河南岸运口出清口后至仲家庄入中运河之间，还有一段要逆黄而行，有风涛之险，且中运河从仲家庄入黄，迫使黄河水流南趋，极易冲击对岸堤防、淤塞清口。康熙四十二年（1703）二月康熙第四次南巡，行至清口时，指示张鹏翮停修仲家庄

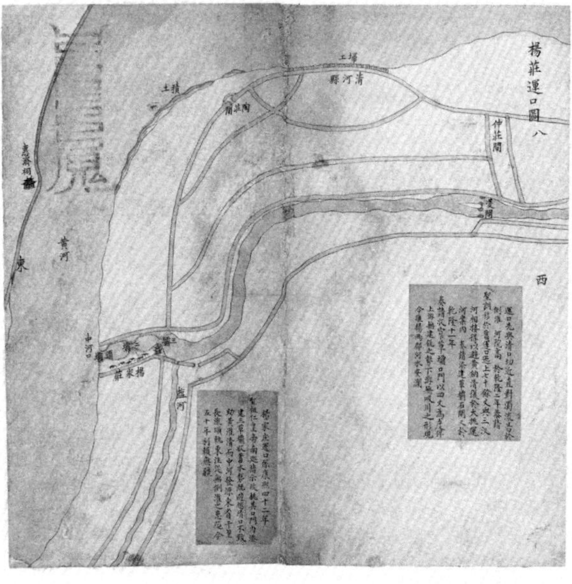

清代《杨庄运口图》（清代《黄河下游闸坝图》）

石闸，改在陶家庄以下杨家庄挑浚引河，令中河从杨家庄入黄，对运口有益。张鹏翮承指上意，将中运河南端运口改在杨家庄。张鹏翮改治中运河后，航运风险进一步减少，黄河、运河与清口倒灌问题也得到兼顾治理。

庆水文安　告河工成

张鹏翮主导的治河集中在康熙三十九年（1700）、康熙四十年（1701），实际上在康熙三十九年底，清口治理已初见成效，张鹏翮上奏：“（清水）水大势旺，直敌黄水，畅流入黄河矣。运河之中，纯系清水，已无黄水灌入。臣自下河回至清口，见水大半入黄，少半入运，一水两分，若有神助。官民快睹，淮黄交会，欢声如雷。”康熙四十年十二月，河工甫成，对于后期如何维护，张鹏翮恭请康熙于来年二月桃汛之前亲临河工指授方略。

康熙对张鹏翮治河能力和人品操守都给予肯定，早在康熙三十九年十月，康熙告谕大学士：“张鹏翮每事奏请详明，实能宣力。若张鹏翮者，朕不之信，将谁信耶？伊若果为利计，历任知府、运使、巡抚，皆可得利，既不取于彼，岂肯于河工钱粮，侵蚀肥己乎？其操守廉洁、诚不可及。惟有时偏执己见耳，然朕亦即时戒饬，并不宽假也。”康熙四十二年（1703）正月，康熙南下，开启第四次南巡，到达淮安时，见清口畅通、黄淮安澜，肯定河工已基本告成，对张鹏翮给予表彰和嘉奖。二月，康熙乘御舟入清口，阅视天妃闸、御坝，看到清水畅流、黄河深通，称赞道：“异哉！此二十余年所仅见者也。”到达宝应、高邮、邵伯一带时，康熙沿堤伫立，远远望去，看到桑麻满目、人民安居的景象，甚是喜悦。

康熙作《河臣箴》一文赐予张鹏翮。

“自古水患，惟河为大。治之有方，民乃无害。禹疏而九，平成攸赖。降及汉唐，决复未艾。渐徙而南，宋元滋溢。今河昔河，议不可一。昔止河防，今兼漕法。既弭其患，复资其力。知此一方，耕凿失职。泽国波臣，恫鳏已极。肩兹巨任，曷容怠佚。毋俾金堤溃于蚁穴，毋使田庐沦为蛟窟。毋徒糜国帑而势难终日，毋虚动畚筑而功鲜核实。务图先事尽利导策，莫悔后时饬补苴术。勿即私而背公，勿辞劳而就逸。惟洁清而自持，兼集思而广益，则患无不除，绩可光册。示我河臣，敬哉以勖。”

康熙又作《览淮黄成》一诗赐予张鹏翮。

“殷勤久矣理淮黄，几度风尘授治方。九曲素称天下险，四来实为兆民伤。使清引浊须勤慎，分势开流在不荒。虽奏安澜宽旰食，诫前善后奠金汤。”

回銮途中，康熙过清江浦，亲临清宴园。三月初一日，康熙题写“澹泊宁静”匾额赐张鹏翮，表彰其清正廉洁、淡泊明志。张鹏翮将其刻石立碑，今石碑尚存于淮安清晏园的御碑亭。

回京后，康熙对大学士等宣布：“朕此番南巡，遍阅河工，大约已成功矣。曩者河道总督于成龙，未曾遵朕指授修筑，故未能底绩。今张鹏翮一一遵谕而行，向来黄河水高六尺，淮河水低六尺，不能敌黄，所以常患淤垫。今将六坝堵闭，洪泽湖水高，力能敌黄，则运河

淮安水上立交枢纽工程（袁慧 摄）

不致有倒灌之患。此河工所以能告成也。”十月，康熙又告谕吏部、工部，对总河张鹏翮及下属治河官员给予奖励。

张鹏翮清正廉洁，不以钱利己，不以权谋私，时人称赞：“向之帑肥于人，今之帑肥于地。”张鹏翮治水后，水安其道，民宁其居，向来水患频发的里下河地区也连年丰收，这是从前没有的情况。民间也歌颂张鹏翮的治河功德，表达感激爱戴之情：“塘埂筑兮水不通，白驹开兮下河通。海不扬波兮水不涌，民乐其中兮民安而岁丰。”

第五章　宦海沉浮　变幻莫测

河工水情时常变化，官场风云亦是变幻莫测。张鹏翮治水并非一帆风顺，其间遭遇诸多困境与龃龉，但他始终坚守自己的信念，以赤子之心面对每一次考验，为国分忧，为民请命。治水九载之后，张鹏翮历任刑部尚书、户部尚书、吏部尚书，雍正元年（1723）任文华殿大学士兼吏部尚书，官至正一品，位极人臣。

赈济山东　均摊赔补

康熙四十一年（1702）至康熙四十三年（1704），山东地区水旱迭加，引发大规模饥荒。先是康熙四十一年山东全境水灾，六月以后全省大雨，百州县同时告灾，疫情接踵而至。康熙四十二年（1703）春夏，山东大饥，淫雨连绵，河决海泛，九十四州县罹患水灾，夏收、秋收无望。康熙四十三年，三十一州县大旱，其后

小贴士：山东灾荒与蒲松龄

蒲松龄的故乡山东淄川是此次山东受灾最严重的区域之一。蒲松龄写了不少诗文，包括《康熙四十三年记灾前篇》《秋灾记略后篇》《流民》《饭肆》《忧荒》等，深刻反映了当时山东灾情之重，并对官员赈济不力、贪污腐败给予抨击。蒲松龄关注民生疾苦，上呈《救荒急策上布政使司》为民请命。他还有感百姓贫病交加，四处奔走，搜集许多中药方，写下《草木传》《伤寒药性赋》等医学科普作品。

虫灾为虐。山东连年受灾，庄稼颗粒无收，粮价暴涨，百姓外出逃荒。

康熙四十一年（1702）七月，康熙准许山东受灾州县开仓赈灾，山东巡抚王国昌报告说，已下令地方官员发放赈灾粮食，受灾州县得到赈济，其他地方则遵循存七粜三原则，在青黄不接时接济贫苦百姓。康熙四十二年（1703）一月，康熙南巡，本以为会看到山东灾后复苏景象，但路过山东泰安、蒙阴、郯城等地时，只见城乡受灾、黎民困苦，不禁生出怜悯恻隐之情。康熙尽心筹划赈灾对策，下令蠲免缓征山东赋税，并派遣京城官员前往山东赈灾。山东受灾地方的赋税虽被蠲免，但州县仓谷年久朽烂，无法赈济灾民。二月，康熙指示漕运总督桑额将二万石漕米交付张鹏翮，由张鹏翮挑选贤能官员运至济宁州、兖州府等处，减价平粜，赈济救灾。康熙再令桑额另外拨出二万石漕粮，在泰安一带分发给灾民。继续南巡，过邵伯时，康熙看到昔日受灾的里下河地区如今百姓安居，想起山东灾情，命令张鹏翮尽快返回清江浦，料理转运截留漕粮事宜。夏季山东淫雨不止，州县告灾，秋粮不收，百姓困苦，康熙又令漕运总督桑额截留漕米五十万石，分别贮存在运河沿线要冲之地，以备赈济、平粜之用。另外再截留漕米，由天津走海路运至登州、青州、莱州三府，每府各三万石。但是这些漕米对于救灾来说仍旧不够，张鹏翮委命河员程兆麟等动用常平仓二十八万余石积谷赈济灾民，并提出动用的仓米其后用山东官员的薪水俸禄补还。

朝廷虽实行一系列救荒举措，但是山东饥荒并未得到缓解。康熙四十一年（1702）第一批赈济粮发放之后，山东巡抚王国昌和布政使刘皑为最大限度从中渔利，夸大赈济效果，对灾荒匿灾不报、避重就轻。康熙四十二年（1703）七月，王国昌上奏赈济米谷数目，康熙察觉所奏内容与实际不符。对于山东官员不重积蓄、不备荒灾、匿灾成习、赈灾不力的行为，康熙大为恼火，当即在八月禁止山东全省官员升迁、调动，等待民生复苏之后再解除禁令。九月，御史顾素弹劾山东巡抚王国昌，称其匿灾不报，又伙同布政使刘皑弥补财政缺口，顾素请求将两人革职。康熙表示曾经向李光地、张鹏翮等人询问王国昌的政绩表现，得知其并无苛刻索取的行为，也没有什么劣迹。经九卿会议商定后，王国昌、刘皑降三级后暂且留任，钱粮交由他人管理。康熙四十三年（1704）正月，山东巡抚王国昌因擅自收扣赈灾银两贮存于库房以致不能有效赈灾，被免去职务。二月，山东现任布政使赵宏燮揭露原任布政使刘皑亏空库银一案。刘皑虽称借与济南等六府银两赈济，但州县称并未领到，原任巡抚王国昌将存贮沂州银两擅自挪用，盘库时甚至称并无亏空，照律应将刘皑拟斩监候，将王国昌杖刑一百，流放三千里，上枷示众两个月。后王国昌、刘皑将挪用、侵用的库帑限期赔付后，朝廷从宽免除责罚。

在王国昌一案中，张鹏翮给康熙留下了不好的印象，但真正令康熙动怒的是，张鹏翮未经许可就开仓放粮。康熙时期朝廷严令禁止擅动仓谷，官员不敢私自开仓，削弱了救灾的灵活性。康熙四十二年（1703）十月，张鹏翮因擅动常平仓米谷赈济，被降一级。十一月，康熙斥责张鹏翮此举是为了收买人心、邀功请赏，批评其置赈灾大局于不顾，动用的仓谷判由张鹏翮、王国昌均摊赔偿。张鹏翮叩首谢罪，涕泪横流，表示自己与下属愿将薪俸作为补偿归还山东仓粮。康熙四十三年（1704）十二月河工告成后，康熙因张鹏翮治河有功，免其赔偿仓谷，并赐予太子太保衔，由正二品河道总督升为从一品。

用人不当　遭逢弹劾

康熙四十三年（1704）至康熙四十四年（1705），张鹏翮先后卷入佟世禄叩阍案和赵世芳诬告案。早前时家马头堤岸决口，淮安道王谦弹劾山安同知佟世禄冒领治河工款，耽误治河工程，张鹏翮下令将佟世禄撤职，并追讨冒领款项。康熙四十三年（1704）二月，佟世禄进京告御状，控诉总河张鹏翮冒领公款、耽误河工，应

小贴士：叩阍制度

叩阍指古代社会平民或犯人家属有冤，向皇帝申诉案件，“阍”原指宫廷门户。清代叩阍方法有两种，一是击登闻鼓。登闻鼓，最初设在都察院，后改设在长安门外，再往后移入通政司，别置鼓厅。二是遇皇帝乘坐车轿外出时，迎驾申诉。

判重杖之刑。随后，康熙令江南江西总督阿山、河南巡抚徐潮一同审理此案。十一月，康熙告谕大臣约束下属与亲戚，斥责张鹏翮虽自身有清廉之名，却被下属王谦欺瞒。十二月，江南江西总督阿山等会审佟世禄叩阍案，判决时家马头堤岸冲决承修银两应在佟世禄名下追赔，但冒领工款一事属于子虚乌有，是张鹏翮听信了王谦的一面之词。大臣们纷纷要求惩办张鹏翮，康熙特命从宽免罚。

康熙四十四年（1705）三月，康熙第五次南巡，行至苏州，在行宫召见张鹏翮和河工官员，询问张鹏翮清口黄河倒灌的问题，张鹏翮竟无言以对，反而声称不曾倒灌，康熙颇为不满，认为张鹏翮自恃治河功成、不思防御。谈及佟世禄叩阍一案，康熙批评张鹏翮听信一面之词，徇私、包庇王谦等人，张鹏翮羞愧难言。四月，康熙当着众大臣面告谕张鹏翮：“王谦为人刻薄，人人怨恨，尔却偏信，任其恣意妄行，以致人心不服。尔常云，非尧舜之道，不敢陈于王前。如此行事，岂得谓尧舜之道？”这件事使张鹏翮的威信受到很大影响，引发了康熙的信任危机。

康熙四十四年（1705）五月，工部侍郎赵世芳弹劾张鹏翮奏报的钱粮虚报冒充十三万两，应交给刑部治罪。十一月，户部尚书徐潮等复审佟世禄叩阍案，经过讨论，认定张鹏翮巧饰供词，已失去作为臣子的礼节，理当革职。淮扬道王谦混淆视听、巧妙掩饰，山安同知裘陈佩隐瞒了应赔偿的银两，都应被革职、杖刑和流放，佟世禄在任期间并没有虚报库银或延误工程的行为，应恢复职位。对于赵世芳弹劾张鹏翮一案，应当免去张鹏翮职务，交由刑部审查。康熙对张鹏翮的清廉素有了解，认定张鹏翮不会私吞钱粮，但对其举荐、任用王谦等人十分不满，批评张鹏翮被王谦等小人欺骗，实属用人不善。康熙决议待王谦、裘陈佩等人赔偿银两后，再处理他们的罪行。对于赵世芳弹劾张鹏翮一事，康熙认为赵世芳“奏事不公”，并称其“为人好事而刚愎，如此等人不利于事”，随即将赵世芳调离工部。

河工失修　戴罪立功

康熙四十四年（1705）康熙南巡，于四月勘察清口。彼时高家堰埽工已建成二三年，朽烂很多，康熙随即指示张鹏翮务必昼夜防护。七月，黄、淮并涨，水势汹涌，古沟等处堤岸溃决。康熙听闻后，指出这都是因为张鹏翮平日徇庇延缓、自执己见所致，将其交与吏部严加审议。九月，吏部上报，张鹏翮对于河工事务没有做到未雨绸缪、尽心谋划，以致堤岸冲决，不尽职责，玩忽职守，应当免去其总河一职。康熙深知张鹏翮治河才干，考虑其过去治河功绩，决定保留张鹏翮太子太保头衔，革去总河一职，继续留任治河，戴罪立功。随后张鹏翮率领河工官员奋力抢修，堵塞古沟、唐埂、清水沟、韩家庄四处堤工决口，当月就完成了堵口工程。

高家堰六坝堵闭后，里下河地区的水患虽得到缓解，洪泽湖沿岸的泗州、盱眙等地却频遭洪水侵袭。康熙四十年（1701）五月，安徽巡抚高承爵奏报泗州等处

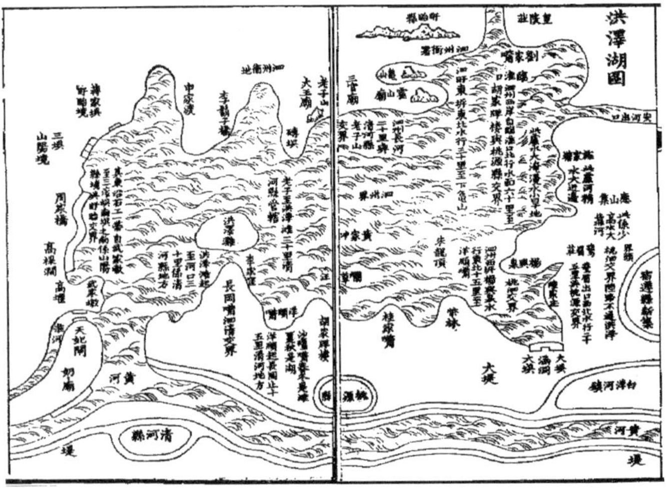

《洪泽湖图》（乾隆《盱眙县志》）

发生水灾，康熙随即令张鹏翮与江南江西总督阿山一同前往泗州、盱眙受灾之处详细勘察。康熙四十四年（1705）十月，洪泽湖水势大涨，泗州、盱眙等地再遭水灾，康熙提出应考虑一个长久策略，筑堤束水，保护淮安、扬州、凤阳三府百姓。至于从哪里开始筑堤、延伸多长、需要多少费用，康熙则命江南江西总督、漕运总督、河道总督、江苏巡抚共同勘察、讨论。

康熙四十五年（1706）正月，江南江西总督阿山等奏请在泗州以西开凿溜淮套河，分泄淮河水势，再在河道两岸筑堤延伸到黄家堰，与张福口的水流汇合后出清口。这项工程如果完成，泗州、盱眙等地的积水不仅可以消退，洪泽湖也不会泛滥，船只往来可免风涛险患。随后阿山等人以开河情形难以琢磨为由，请示康熙亲临河工、指授定夺。康熙认为阿山、张鹏翮等人的考察已很周详，自己不必亲自审阅。

康熙四十六年（1707）正月，在张鹏翮等人的再三陈请下，康熙最后一次南巡视察河工。二月，康熙视察溜淮套，问张鹏翮如何看待这一工程。张鹏翮表示，早先是因为看到通判徐光启所呈的开溜淮套图样，才与阿山、桑额等一同上奏。康熙从清口到曹家庙一带视察溜淮套，看见地势较高，河道虽已开凿，但水流不能直达清口，与先前张鹏翮等进呈的图样完全不同。此外，康熙还看到沿途所立的开河标竿不仅破坏农田，有的甚至立在百姓坟冢上，不禁大为恼火，斥责张鹏翮道："朕为人君，凡颁发谕旨，倘有差误，尚令人言。张鹏翮身为总河，至欲掘人骸骨，所属人员竟无一敢言者。张鹏翮以读书人而为此残忍之事，读书何为？假令张鹏翮祖坟被人发掘，伊肯默然耶！数年来两河平静，民生安乐，何必多此一事？今欲开溜淮套，必至凿山穿岭，不惟断难成功，即或成功，将来汛水泛溢，不漫入洪泽湖，必致冲决运河矣。”康熙指出开凿溜淮套属于官员谋利的“造假”工程：“今奏溜淮套开河，非地方官希图射利，即河工官员妄冀升迁。至河工效力人员，无一方正者，何故留置河上？”张鹏翮羞愧难当，表示自己误听小人之言犯下大错，无可辩驳，叩首认罪。最终，康熙下令停止溜淮套工程，强调与其开凿这类无益之河，还不如疏浚引河，使清水畅流。此外，康熙下令撤去设在民田坟冢上的开河标识。百姓听闻，无不欢喜踊跃。

最终，原任江南江西总督阿山因奏请开凿溜淮套工程实属失职，被革职留任，漕运总督桑额降五级调用，张鹏翮误开溜淮套工程，于治河无益，还滋事扰民，在未恢复总河职务的情况下又被革去太子太保之衔，但康熙仍令张鹏翮留任治河。此后很长一段时间里，张鹏翮无职无衔，却仍兢兢业业、殚心竭虑地负责河工。直到康熙四十七年（1708）十月，河工大治，漕运通达，黄、淮再现安澜，百姓安居，张鹏翮才官复原职。

离任总河　位极人臣

康熙四十七年（1708）十月，张鹏翮恢复总河一职后不久转任刑部尚书，时年六十岁。康熙四十八年（1709）二月，张鹏翮转任户部尚书，期间审理了江南江西总督噶礼弹劾案以及清朝规模最大的江南科场舞弊案。

康熙四十八年十一月，江南江西总督噶礼弹劾江苏布政使宜思恭贪婪，奏请将其革职审查。苏州知府陈鹏年代理江苏布政司事务。其后官员弹劾陈鹏年奏报不实，大臣们商议革除陈鹏年官职，将其流放到黑龙江，康熙最终宽恕了他，命其回京修书。不久，噶礼又秘密上奏弹劾陈鹏年写反诗，认为他心有怨恨，想以此来定陈鹏年的罪，康熙没有回应，而是令张鹏翮调查。彼时，张鹏翮儿子张懋诚任安徽怀宁县知县，系噶礼部下。得知张鹏翮前来查案，

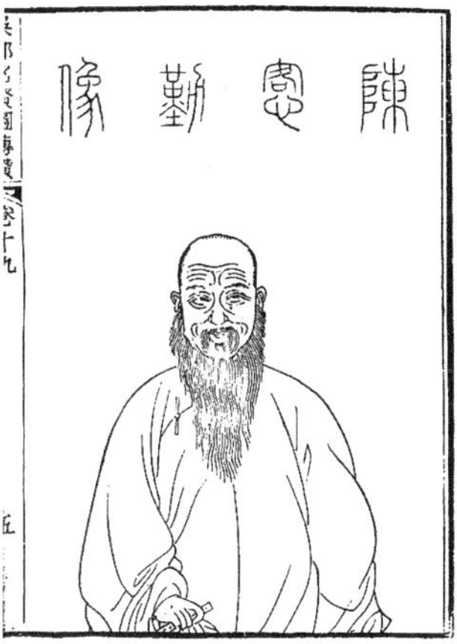

陈鹏年半身像

噶礼便以张懋诚的仕途与性命威胁张鹏翮。张鹏翮不惧威胁，秉公办案，明辨是非，揭露噶礼罪状，还陈鹏年清白。

康熙五十年（1711）江南举行乡试秋闱，副考官赵晋暗中受贿，发榜后学子们议论纷纷，舆论哗然，九月二十四日数百人抬财神、入学宫，声称科场不公。十月，江南乡试主考官左必蕃上疏表示，放榜后舆论哗然，纷纷说新中举人吴泌、程光奎都是不通文理之人，他们或传递文字，或买通考官才上榜，请求将两人提至京师复考。十月，江苏巡抚张伯行上疏奏明江南科场案情形，阐明利害关系。十一月，康熙令张鹏翮与江南江西总督、江苏巡抚、安徽巡抚等一起在扬州设立刑狱，严加审明，主考官左必蕃、副考官赵晋停职审查。康熙五十一年（1712）二月，江苏巡抚张伯行上奏弹劾江南江西总督噶礼受贿五十万两银子，利用职权，私下出售举人名额给程光奎、吴泌等人，并且在调查过程中不肯审明。江南江西总督噶礼弹劾江苏巡抚张伯行污蔑自己，请求与其对质，并列出张伯行七条罪状上奏。到这里，江南科场舞弊案发展为张伯行和噶礼互参案，两人均被停职，由张鹏翮、总漕赫寿等人审查。六月，张鹏翮回奏审理结果：吴泌和程光奎行贿、赵晋受贿之事属实，对吴泌等人拟判绞监候，秋后处决，副考官赵晋等革职，发往边远地方，正考官左必蕃作革职处理；噶礼暗中受贿一案实属诬告，张伯行应被撤职，噶礼降一级留任。康熙担心张鹏翮偏袒噶礼，令户部尚书穆和伦、工部尚书张廷枢等再去审查。十月，经过审议，穆和伦等人得出的结论与之前张鹏翮的意见一致。康熙注重清廉，他认为张伯行为官清正，操守为天下第一，无不尽知，堪称廉吏，而噶礼虽有才干、办事敏练，但喜好生事，没有清正之名。最终，康熙认定张伯行和噶礼之间互参一案都是因为私怨引起的，判张伯行官复原职，噶礼被罢免职位。

张伯行半身像

康熙五十二年（1713），张鹏翮转任吏部尚书，期间审理江苏巡抚张伯行告张元隆通盗案以及张伯行弹劾布政使牟钦元藏匿海盗党羽张令涛案。早在康熙五十一年（1712）十月，张伯行和噶礼互参之时，张伯行弹劾张元隆通盗。张元隆托病逃避逮捕，案子未结，张元隆病逝，张伯礼又将与张元隆来往的数十名船家关押在大牢。康熙五十三年（1714）五月，江苏巡抚张伯行上疏弹劾布政使牟钦元将张元隆的兄弟张令涛藏匿在官署，不仅未缉拿归案，反而予以包庇，危害地方治安。牟钦元被暂时免职，接受审查。十月，经刑部审议，才知晓是上海县民顾协一因房产赎回一事控告张令涛与海贼合谋，等审问顾协一时没有发现证据，再审讯张令涛的儿子，他声称父亲去了湖广、福建等地。官方发文给两地巡抚，速将张令涛捉拿送审。随后，吏部尚书张鹏翮等人南下调查此事。

康熙五十四年（1715）二月，张鹏翮上奏江苏张伯行捏造无影之事，屡次称海中有盗贼，应将其暂时停职审查。五月，张鹏翮又查得张伯行弄虚作假、巧辩遮掩，污蔑张元隆及船户是海贼，五年来案子未结，审案使用夹刑，导致十二人死亡，家破人亡更是不计其数，已遵旨在特定日期释放他们，张伯行应被革职看守，接受审理。十月，张鹏翮等上奏牟钦元系被张伯行诬告，应官复原职。十二月，张鹏翮最终审议张伯行诬告张元隆案。按照例律，张伯行应被判处斩刑，等待秋后处

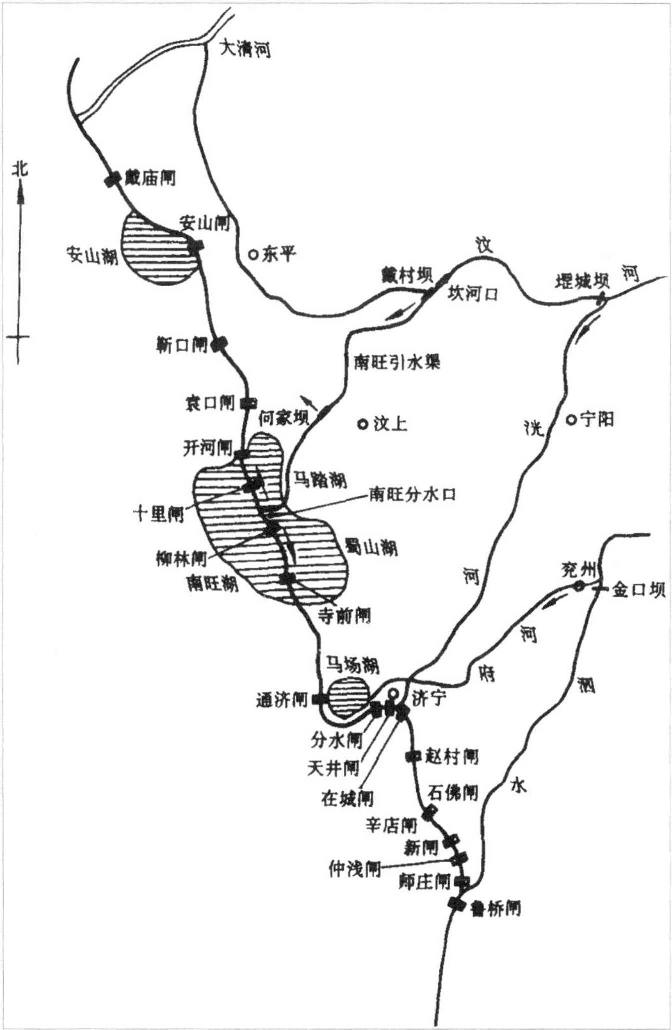

南旺分水口枢纽工程示意图（《京杭运河史》）

决。康熙决定从宽处理，免除张伯行死刑。

康熙六十年（1721），汶水干旱，山东运河漕运受阻，黄河在河南武陟县马营口决口，水流从长垣直冲张秋，危及山东漕运。六月，张鹏翮奉命治理山东运河，勘验河工，筹划方案，与总河赵世显等人一同考察，疏浚坎河、鸡爪等泉，分注南旺湖，在彭口筑挑水坝，使彭口之水挟沙畅流，直入微山湖。十月，张鹏翮查看被大水冲开的黄河堤岸，见大溜直冲溢口，于是提出在对岸上流广武山下开凿一条引河，再在决口以东不远处开一条引河，引大溜回归正道，再堵筑堤岸决口。

雍正元年（1723），张鹏翮任文华殿大学士兼吏部尚书，官至正一品，位极人臣。雍正三年（1725）张鹏翮病逝。其一生为官清廉，去世之时，家中已无多余资产。雍正特赐其家人两千黄金治丧，并赐谥号“文端”，张鹏翮最终回归故里遂宁庆元山安葬。雍正八年（1730），雍正下令建贤良祠，纪念先贤功臣，张鹏翮入祀祠中。

第六章　法令传后　廉善流芳

张鹏翮以卓越的治河功绩、集大成的治河著作、清廉奉公的高尚品质在历史长河中留下不可磨灭的印记。他的一生，是对“廉”和“能”二字的最好诠释。他的形象和事迹成为中国历史上一笔宝贵财富，至今被人们纪念与传颂。

功绩卓著　影响深远

张鹏翮治河九载，功绩卓著。他谨遵康熙指示的治河方略，依次拆除拦黄坝，疏浚海口；广辟清口，开张福口等引河；加修高家堰、堵塞六坝，使淮水有出路；疏人字河与芒稻河、引水注江，挑虾须等河，引下河积水入海；筑归仁堤，导泗州上源之水入黄河；治中运河，筑挑水坝，奠定了此后数年间黄淮安澜、漕运无阻的局面，为国家发展、人民安定做出了突出贡献。他的治河实践不仅在当时成效显著，对后世也产生了深远影响。

后人对张鹏翮治水给予高度评价，将其与潘季驯、靳辅并称为中国古代治水名臣。清代彭端淑《张文端公传》：“盖公长于治河，凡所经划无不完固，至今数十年来遵守，其法不变。”清代李桓《国朝耆献类征初编》：“（张鹏翮）平生居官，清俭方整，有器局，于河工最著声绩。”近代学者郑肇经在《中国水利史》中高度评价张鹏翮的治水工程：“这不仅于国计民生贡献巨大，而且就其科学水平，也居当时世界水利工程最先进行列。”

《中国水利史》书影

张鹏翮治河成功，主要原因有三点：

其一，继承潘季驯、靳辅等人的治水思想，比如筑堤束水、蓄清刷黄及黄、淮、运一体整治，这为张鹏翮治河奠定了坚实的理论基础。对比靳辅和张鹏翮治河举措，可以发现两者有许多相似之处，比如挑挖清口引河、修归仁堤、治理高家堰、建运堤归海坝、开入江通道等。可以说，张鹏翮是在靳辅治河的基础之上，完成靳辅尚未完成的河工，这也是为何张鹏翮主导的主体河工能在康熙三十九年（1700）至康熙四十年（1701）迅速完成。但是张鹏翮的治河更加全面细致，正如郑肇经在《中国水利史》中说："张鹏翮承靳辅之后，于洪湖尾闾辟引河七道，大修高堰，增建石工，塞六坝，创建三滚坝，一切遵循成法，而法益加密，淮湖大治。论者谓靳、张济美，媲于萧、曹，良有以也。自是厥后，堰坝各工，继续整理，湖尾各引河，以时疏导，清口东西两坝，相机拆展或收束，大要以剂平水量为归。靳、张余烈，久而弗替焉。"

其二，康熙的支持与指授方略，这是治河成功的重要保障。张鹏翮作为总河，总揽治河全局，但背后真正指挥与决策的是清王朝的最高统治者。康熙十分注重治河，在历经靳辅、于成龙、董安国等治河后，其对于治河的见解与理论相较前期有明显提高。康熙总共南巡六次，其中三次都在张鹏翮任内，他不仅视察河工情形，还指授张鹏翮治水方略，可见其对治水的重视。康熙向张鹏翮指授治河机宜，张鹏翮向康熙奏请河工，形成良好的君臣互动，保障了治河效率。

其三，张鹏翮自身的治水能力与品质。张鹏翮本人在水利方面的知识深厚，他不仅学习了前人的治水经验，还结合实际情况，吸取教训，补充完善，进行深入的研究和创新。张鹏翮兢兢业业，到任总河后就实地考察，勤奋钻研，不断探索，这是其治水成功的重要原因。此外，他大力整顿河务，解决河工贪污腐败问题，专责总河职权，为治河提供良好的政治环境。岑仲勉在《黄河变迁史》中指出，靳辅至张鹏翮任总河的三十多年间，是清代河务办理最善而黄河又比较安静的阶段。

《黄河变迁史》书影

当然，张鹏翮治河也存在一些局限。一是用人不善，比如张鹏翮提拔任用的治河官员王谦被多人指责劣迹颇多，张鹏翮因此被弹劾。二是治水不力。比如张鹏翮奏请开凿的溜淮套工程不仅于河工无益，还被康熙认定滋事扰民。三是遵奉皇权。张鹏翮深知帝王的偏好和喜怒对臣子有决定性影响，因此时刻保持对康熙的忠诚和敬畏。张鹏翮许多治河工程实际是在践行最高统治者的理念，相较靳辅在治河观念上与康熙时常产生龃龉，张鹏翮与康熙的龃龉要少很多。但对于一些错误的治河思想，张鹏翮也谨遵奉行，比如康熙在视察黄河后曾指示裁弯取直，张鹏翮将其列入河工九款，实际上裁弯取直并不符合河性。这是张鹏翮治水认知的局限，也是时代背景的局限。但无论如何，瑕不掩瑜，张鹏翮在中国历代治水进程中的地位举足轻重，在中国水利发展史上留下了浓墨重彩的一笔。

治河全书　集大成者

《治河全书》是张鹏翮担任总河期间，选录帝王上谕、河臣奏章、治河事宜而编纂的治河著述。康熙四十年（1701），张鹏翮奏请康熙批准将上谕治河事宜，诏令史馆编纂成书，康熙以河工尚未告成为由，指示不必交由翰林院办理，令张鹏翮自主编纂即可。张鹏翮奉旨而行，召集幕僚汇编。康熙四十二年（1703）河工初步告成，张鹏翮也缮写成书，上呈康熙御览，以昭后世。

《治河全书》共二十四卷，分为上谕、图说、章奏三部分，全面展现了清代前期系统、复杂的治河历程。卷一至卷二为治河上谕，起于康熙二十三年（1684）九月康熙初次南巡阅视河工之时，止于康熙四十二年（1703）三月康熙严催高家堰石工，辑录了二十年间康熙指授治河的机宜方略和河工概况。卷三至卷十二是图说，以图文对照的形式记载了运河、黄河、淮河等三大水系的地理、水文和历年治理事宜，其中卷三为《运河全图》与《运河全图说》，以图文对照形式刻画了京杭大运河沿线的州县城池、河湖水系、堤工闸坝等内容；卷四至卷八以运河为轴，按州县或区域详细梳理沿线地名、山川、城池、水系、泉源、闸坝等事宜；卷九

《治河全书》书影

至卷十二是黄河、淮河图说与事宜，包括《黄河全图》《黄河图总说》《淮河全图》《淮河图说》等，以图文对照形式描述了河流里程、堤工实施、闸坝修筑等事宜。卷十三是官制和修防事宜，介绍治河官员名称、定额与职责，以及卷埽下埽法、黄河塞决、建筑挑水坝、挑挖引河、帮筑堤工等修防细则。卷十四至卷二十四为治河奏章，辑录康熙二十三年（1684）至康熙四十二年（1703）之间历任河道总督靳辅、王新命、董安国、于成龙、张鹏翮的治河奏疏，集中展现了康熙朝中后期治河方针、制度规划、工程实施的讨论与决策过程。

《治河全书》目前存有清抄本和嘉庆五年（1800）江南河道库刻本，其中嘉庆五年刻本又名《张公奏议》，现藏于国家图书馆。清抄本以天津图书馆所藏内容完整、装帧精美。《治河全书》堪称清代前期治水著作的集大成者，在清代治河理论的发展中起到承前启后的作用。在编纂过程中，张鹏翮既博采众说、吸收借鉴，也结合自身治水经历仔细勘辨，提出自己的见解和方法。张鹏翮既注重具体工程的实施与河工技术的总结，也强调治河的系统化管理与河政制度改革。他不仅继承了潘季驯、靳辅等人筑堤束水、蓄清刷黄的治水理念，还对整个黄、淮、运一体治理的思想进行深化与补充。《治河全书》集理论与实践、技术与管理于一体，集中体现了张鹏翮的治水思想，与靳辅《治河方略》、陈潢《河防述言》一起构成了清代前期重要的水利著作。

《治河全书》对当前水利史研究和水利工程治理也有重要的参考价值，具有法今传后的现实意义。著名历史地理学者邹逸麟先生在2007年天津古籍出版社影印出版的《治河全书》前言中说：“这部书的重新整理出版，不仅有助于对清代治河通运艰难的认识，是研究黄河史、运河史的重要资料，更重要的是对今天治理淮河仍有重要的启示和参考价值。”《治河全书》蕴含丰富的档案文献和历史记载，为研究清前期水利工程、河政制度等提供了宝贵的资料，所附的彩色绘图反映了运河、黄河、淮河三条河流及其支流的历史全貌，为研究者提供了直观信息。彩图绘制工艺精细，具有极高的艺术价值。书中体现的治河思想、技术方法、管理条例等，在当今河流整治与流域管理中仍值得借鉴。

张鹏翮还勤研经典，工于诗词，著述颇丰，除治河论著外，还有《冰雪堂稿》《如意堂文稿》《奉使俄罗斯行程录》《文庙礼乐考》《关夫子志》《兖州府志》《遂宁县志》《信阳子卓录》《忠武志》《身镜录》《家规辑要》《士镜录》等著作。清代光绪年间（1875—1908），张鹏翮第六世侄孙张知铨依据世代家藏的张鹏翮手稿，编纂《遂宁张文端公全集》，于光绪七年（1881）刊行。

《遂宁张文端公全集》书影

此外，张鹏翮还刻印《御制耕织图》，共计46幅，由康熙题诗，焦秉贞绘图。这套耕织图是历代耕织图中最具盛名、流传最广、影响最大的作品，为研究中国古代农业技术提供了直观资料，是中国农耕文明的瑰宝。

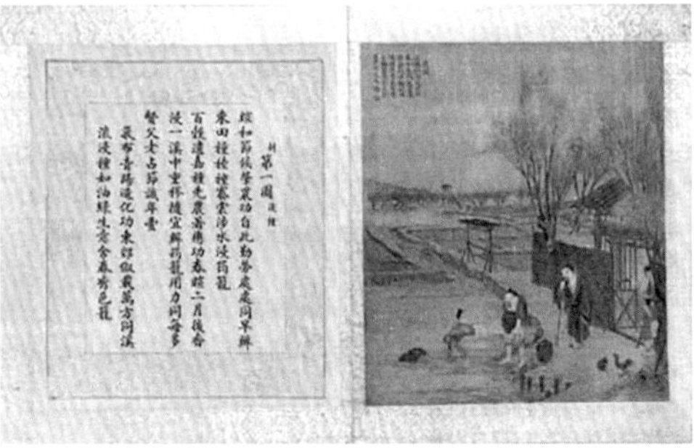

清代焦秉贞绘《御制耕织图》中的“浸种”图

家风传承　名标青史

张鹏翮一生都在践行廉洁持身、勤慎为公的准则。康熙赞之“天下廉吏，无出其右”，雍正赞之“志行修洁，风度端凝，流芳竹帛，卓然一代完人”。张鹏翮的品质不仅使其在康熙朝、雍正朝受到重视，更为后世树立了为人为官的典范。

张鹏翮十分重视家教与家风，他不仅身体力行，以作子孙表率，还将清廉家风代代相传，浸润后世。早在康熙十四年（1675），康熙在懋勤殿召见张鹏翮后，张鹏翮为表达感恩之情，以“懋勤顾问，知遇崇隆，清正仁厚，进德立功”十六字为行辈字派，命名后世子孙，希望他们代代清正持身、知恩图报。

张鹏翮担任总河期间，趁着河工告成之时的间隙，编纂《家规辑要》，规范家人及后世子孙品德言行。他在《家规辑要》序中说：“首以祠堂之制，尊祖敬宗，本反始也。继之以长幼尊卑辨，男女内外之别，旦朔劝惩之训，冠婚丧葬之文，而以推仁终之，则由亲亲，而民，而爱物，其施恩有渐焉。”他规劝子孙后代在为官上，“仕宦不得以贿败官，贻辱祖宗”；在治家上，“凡我子孙，务须屏除恶习，力于勤俭，然后家道可兴”；在修身上，“义之心不可以不热，富贵之念不可以不淡”。雍正初年，张鹏翮有感于张氏旧牒无稽，率长子张懋诚重修族谱。

小贴士：遂宁张氏族谱

根据张鹏翮研究专家胡传淮的考证，遂宁张氏从明代洪武二年（1369）入川至今600多年先后修谱7次，其中民国十三年（1924）本《遂宁张氏族谱》集历次修谱之大成，内容丰富，对研究宗族史、教育史、四川史、移民史、巴蜀文化和遂宁地方史等有极大价值。

得益于清正廉洁、忠孝仁义的家风传承，张鹏翮后代人才辈出，廉能兼具。张鹏翮之子张懋诚历任安徽怀宁知县、奉天辽阳知州、通政使司通政使、工部右侍郎，为官办案时，“不避宰相私人，行必参奏”“一清积案，官吏肃然”，被赞“有古良吏风”。张鹏翮之孙张勤望历任宁国府知府、山东登州府知府，“所至卓有循声，无愧贤良”。玄孙张问陶进士及第，任翰林院检讨、江南道监察御史、吏部郎中、山东莱州知府，在诗歌、书法、绘画上造诣极高，与袁枚、赵翼并称清代“性灵派三大家”，与彭端淑、李调元合称“清代蜀中三才子”，被誉为“青莲再世”、“少陵复出”、清代“蜀中诗人之冠”。数百年来，张氏家族一直遵循家规训导，家风井然，繁衍兴旺。

现今全国各地存留不少与张鹏翮有关的遗迹。除了前文提到的淮安高家堰铁牛、清晏园碑刻外，还有四川省眉山市三苏祠张鹏翮所撰的一副对联“一门父子三词客　千古文章四大家”，上联“一门父子”三人指北宋苏洵、苏轼、苏辙，下联“四大家”指唐宋八大家中的韩愈、柳宗元、欧阳修、苏轼。与四川成都武侯祠并称的河南南阳武侯祠，有一座宁远楼，“宁远楼”匾额是康熙五十二年（1713）张鹏翮题写的，“宁远”取宁静致远之意，出自诸葛亮《戒子书》：“君子之行，静以修身，俭以养德，非淡泊无以明志，非宁静无以致远。”张鹏翮幼时读书，曾立志要效仿伊尹一介不取、孔明淡泊明志，历经大半生沉浮，张鹏翮在南阳武侯祠题写“宁远楼”匾额，是对自己一生践行准则的回顾，也寄托了激励后人的愿景。

除了实物遗迹外，张鹏翮留下的精神财富更为后世纪念与传扬。2014年8月，江苏省淮安二河闸管理所为张鹏翮制作全身坐姿塑像，纪念其治水成就，并在所内修建一座具有特色廉政教育的“廉廊”，其中镌刻五首廉政诗词，传达治水精神，弘扬廉洁奉公、一身正气的内核。

2019年3月，张鹏翮廉政文化教育基地建于重庆市潼南区小渡镇月山村二社庆元山下，这里也是张鹏翮与其父墓茔所在地。基地总面积约4315平方米，由张鹏翮廉政文化展览馆、廉政广场等部分组成。基地主体建筑是展览馆，为清代民居风格，占地面积约520平方米，由“天下廉吏　一代完人”“少年求学　师法圣贤”“忠君报国　勤政爱民”“克己奉公　清正廉洁”“殚心

小贴士：庆元山属地变更

雍正三年（1725），张鹏翮病逝，归葬庆元山。庆元山原属四川蓬溪，民国元年（1912），蓬溪县划出下东乡11个场镇，遂宁县划出上安里、中安里、下安里17个场镇，成立东安县，由四川省直辖。民国三年（1914），因东安县与直隶、广东、湖南等地县名重复，鉴于其地处潼川府之南，因此更名潼南县。原属蓬溪的庆元山，因行政区划变更划入潼南。1983年4月，潼南县隶重庆市。1997年3月，重庆直辖市批准设立，潼南县隶属重庆市管辖。

竭力　担当奉献”“大雅遗音　永世流芳”“淳良继世　清白传家”“以史为鉴　正风尚廉”等八个板块组成，介绍了张鹏翮清正廉洁、政绩卓著的一生，使参观者深入了解廉政文化，弘扬廉政精神。张鹏翮的形象，成为清廉官员的典范，他的名字与事迹，镌刻在历史长河中，激励着后人追求廉洁与公正。

参考文献

1. 岑仲勉著：《黄河变迁史》，人民出版社 1957 年版。

2. 赵尔巽等撰：《清史稿》，中华书局 1977 年版。

3. 水利部黄河水利委员会《黄河水利史述要》编写组编：《黄河水利史述要》，水利出版社 1982 年版。

4. 于见：《明清时期黄淮运关系及其治理方针》，《治淮》1986 年第 3 期。

5. 水利水电科学研究院《中国水利史稿》编写组编：《中国水利史稿》（下册），水利电力出版社 1989 年版。

6. 水利部淮河水利委员会《淮河水利简史》编写组编：《淮河水利简史》，水利电力出版社 1990 年版。

7. 姚汉源著:《京杭运河史》,中国水利水电出版社 1998 年版。

8.〔清〕冯道立：《淮扬水利图说》，《中华山水志丛刊·水志卷》第 25 册，线装书局 2004 年版。

9.〔清〕张鹏翮撰:《治河全书》,天津古籍出版社 2007 年版。

10. 邹逸麟编著：《中国历史地理概述》，上海教育出版社 2007 年版。

11.《圣祖仁皇帝实录》，《清实录》第 6 册，中华书局

1985 年版。

12. 王俊桥：《清代张鹏翮研究》，湖南师范大学 2008 年硕士论文。

13.〔清〕张烺撰，胡传淮注：《烬余录注》，中国文史出版社 2010 年版。

14. 韩征：《张鹏翮治河思想与实践研究》，郑州大学 2010 年硕士论文。

15. 胡传淮主编:《张鹏翮研究》, 中国文联出版社 2011 年版。

16. 毛振培、谭徐明著：《中国古代防洪工程技术史》，山西教育出版社 2017 年版。

17. 曹克军编著：《黄河传统与现代防洪抢险技术》，黄河水利出版社 2017 年版。

18. 郑肇经著:《中国水利史》, 河南人民出版社 2018 年版。

19. 杨昌庆、杨悦编著：《大清廉相张鹏翮》，中国书籍出版社 2019 年版。

20. 巴布著:《天下廉吏张鹏翮》, 四川文艺出版社 2022 年版。

21. 谭媛媛：《张鹏翮〈治河全书〉研究》，郑州大学 2022 年硕士论文。

22.〔清〕张鹏翮著，胡传淮主编：《遂宁张文端公全集》，四川大学出版社 2023 年版。

23. 中国水利史典编委会办公室整理：《中国古代河工技术通解》，中国水利水电出版社 2018 年版。

24. 中国历代人物图像数据库

http://diglweb.zjlib.cn:8081/zjtsg/mingren/index1.htm